《国学经典藏书》丛书编委会

国学经典藏书

人 物 志

李 辉 高艳红 刘宗玲 译注

吉林大学出版社
长 春

图书在版编目（CIP）数据

人物志 / 李辉，高艳红，刘宗玲译注 . — 长春：吉林大学出版社，2021.12
（国学经典藏书）
ISBN 978-7-5692-8969-5

Ⅰ . ①人… Ⅱ . ①李… ②高… ③刘… Ⅲ . ①人才学－中国－三国时代②《人物志》－译文③《人物志》－注释 Ⅳ . ① C96-092

中国版本图书馆 CIP 数据核字（2021）第 201624 号

国学经典藏书：人物志
GUOXUE JINGDIAN CANGSHU: RENWU ZHI

作　　者：李　辉　高艳红　刘宗玲 译注
策划编辑：魏丹丹
责任编辑：李卓彦
责任校对：蔡玉奎
装帧设计：蒋宏工作室
开　　本：880mm × 1230mm　1/32
字　　数：108 千字
印　　张：5.25
版　　次：2021 年 12 月第 1 版
印　　次：2023 年 7 月第 2 次印刷

出版发行：吉林大学出版社
地　　址：长春市人民大街 4059 号（130021）
0431-89580028/29/21
http://www.jlup.com.cn
E-mail:jdcbs@jlu.edu.cn
印　　刷：河北松源印刷有限公司

ISBN 978-7-5692-8969-5　　定价：32.00 元

编者的话

经典是人类知识体系的根基，是人类的精神家园，是我们走向未来的起点。莎士比亚说过："生活里没有书籍，就好像没有阳光；智慧里没有书籍，就好像鸟儿没有翅膀。"21世纪中国国民的阅读生活中最迫切的事情是什么？我们的回答是阅读经典！

中国有数千年一脉相传、光辉灿烂的文化，并长期处于世界文化发展的前列，尤其是在近代以前，曾长期引领亚洲乃至世界文化的发展方向。长期超稳定的社会发展形态和以小农生产为基础的、悠闲的宗法农业社会，塑造了中华民族注重实际、过分地偏重经验、重视历史的文化心理特征。从殷商时代的"古训是式"(《诗经·大雅·烝民》)，到孔子的"述而不作，信而好古"(《论语·述而》)，可以清楚地看出这种文化心理不断强化的轨迹。于是，历史就被赋予了神圣的光环，它既是人们获得知识的源泉，也是人们价值标准的出处。它不再是僵死的、过去的东西，而是生动活泼、富有生命力，并对现世仍有巨大指导作用的事实。因而就形成了这样一种固定的文化思维方式，也就是"以铜为鉴，可正衣冠；以古为鉴，可知兴替；以人为鉴，可明得失"(《新唐书·魏徵传》)。中国的文化人世代相承，均从历史中寻求真理，寻求"修身、齐家、治国、平天下"的崇高理想模式。

这种对于历史所怀有的深沉强烈的认同感,正是历史典籍赖以发展、繁荣的文化心理基础。历史上最初给历史典籍的研究和整理工作涂上政治、道德和伦理色彩的是春秋时期的孔子。当时的孔子因感“周室微而礼乐废、《诗》《书》缺”,于是乃删订了《诗》《书》《礼》《乐》《易》《春秋》等“六经”(见《史记·孔子世家》),寄托了自己在政治上“复礼”和道德上“归仁”的最高理想。孔子以后,历史典籍的编撰无不遵循着这一最高原则。所以《隋书·经籍志》总序中就说:“夫经籍也者,机神之妙旨,圣哲之能事。所以经天地,纬阴阳,正纲纪,弘道德,显仁足以利物,藏用足以独善……其王者之所以树风声,流显号,美教化,移风俗,何莫由乎斯道?……其教有适,其用无穷,实仁义之陶钧,诚道德之橐籥也。……夫仁义礼智,所以治国也;方技数术,所以治身也。诸子为经籍之鼓吹,文章乃政化之黼黻,皆为治国之具也。”(《隋书·经籍志一》)由此可见,历史典籍的编撰整理工作,已不仅仅是文化技术问题,更重要的是它还负有“正纲纪,弘道德”的政治和道德使命。于是,在两千多年的历史发展过程中,先人们为我们留下了汗牛充栋的文化典籍。这些宝贵的精神财富,不仅是我们中华民族的骄傲,也是全人类的骄傲,并已成为世界文化宝藏的重要组成部分。

中国的先哲们一向对古代典籍充满崇敬之情,他们认为,先王之道、历史经验、人伦道德以及治国安邦之术、读书治学之法等等,都蕴藏于典籍之中。文献典籍是先王之道、历史经验、人伦道德等赖以传递后世的重要手段。离开书籍,后人将无法从前朝吸取历史经验,无法传承先王之道。在日新月异的当代,如何对待这份优秀的文化遗产?毛泽东同志早就指出:“中国的长期封建社会中,创造了灿烂的古代文化。清理古代文化的发展过程，剔除其封建性的糟粕，吸取其民主性的精华，是发展民族新文化、提高民族自信心的必要条件。……中国现时的新文化也是从古代的旧文化发展而来，因此，我们必须尊重自己的历史，决不能割断历史。但是，这种尊重是给历史以一定的科学地位，是尊重历史的辩证法的发展，而不是颂古非今。”（毛泽东《新民主主义论》）古代典籍，不仅对中华民族的形成与发展历史地发挥了巨大的凝聚力作用，而且在当今中华民族伟大复兴中，依然会发挥无可替代的重要作用。

在科学技术迅猛发展的当代社会，人们的生活、观念正在发生着巨大而深刻的变革，面对蓬勃发展的现代科技和汹涌而至的各种思潮，人们依然能深切地感受到中国传统文化无所不在的巨大力量。人们渴望了解这种无形的力量源泉，于是绚丽多姿的中华典籍就成了人们首要的选择。它能够使我们在精神上成为坚强、忠诚和有理智的人，成为能够真正爱人类、尊重人类劳动、衷心地欣赏人类的伟大劳动所产生的美好果实的人。所以，在今天，我们要阅读经典；当数字化、网络化带来的“信息爆炸”占领人们的头脑、占用人们的时间时，我们要阅读经典；当中华民族迈向和平崛起和民族复兴的伟大征程时，我们更要阅读经典。因此，读经典，这个我们习以为常的平凡过程，实际上就成了人的心灵和上下古今一切民族的伟大智慧相结合的过程。但由于时代的变迁，这些经典对现代人来说已是谜一样的存在。为继承这份优秀的文化遗产，帮助人们更好地利用这些经典，在全国学术界诸多专家学者的支持下，我们策划了这套“国学经典藏书”丛书。

丛书以弘扬传统、推陈出新、汇聚英华为宗旨，以具有中等以上文化程度的广大读者为对象，从我国古代经、史、子、集四部典籍中精选50种，以全注全译或节选的形式结集出版。在书目的选择上，重点选取我国古代哲学、历史、地理、文学、科技、教育、生活等领域历经岁月洗礼、汇聚人类最重要的精神创造和知识积累的不朽之作。既注重选取历史上脍炙人口、深入人心的经典名著，又注重其适应现代社会的人文价值趋向。丛书不仅精校原文，而且从前言、题解，到注释、译文，均在吸收历代学者研究成果的基础上精心编撰。在注重学术性标准的基础上，尽量做到通俗易懂。我们相信，本丛书的出版，对提高人们的古代典籍认知水平，阅读和利用中华传统经典，传播中华优秀文化，提高人们的民族自信心和文化自豪感，进而为中华民族伟大复兴做贡献，均将起到应有的作用。高尔基说："书籍是人类进步的阶梯。""要热爱读书，它会使你的生活轻松，它会友爱地帮助你了解纷繁复杂的思想、感情和事件；它会教导你尊重别人和你自己；它以热爱世界、热爱人类的情感，来鼓舞智慧和心灵。""当书本给我讲到闻所未闻、见所未见的人物、感情、思想和态度时，似乎是每一本书都在我面前打开一扇窗户，并让我看到一个不可思议的新世界。""每一本书是一级小阶梯，我每爬一级，就……更接近美好生活的观念，更热爱这书"（《高尔基论青年》，中国青年出版社1956年版）。流传千年的文化经典，让我们受益匪浅，使我们懂得更多。正如德国著名作家歌德所说："读一本好书，就是和一位品德高尚的人谈话。"的确，读一本好书，就像是结交了一位良师益友。我们真诚希望，这套经典丛书能够真正进入您的生活，成为人人应读、必读和常读的名著。

陈　虎

庚子岁孟秋

前 言

三国刘劭所著的《人物志》，是中国古代一部系统对人物进行分类、讲述人物的识鉴与任用的经典著作。全书分上、中、下三卷，共十二篇，上卷为《九征》《体别》《流业》《材理》四篇，是对人才的理论研究，总结考察人才的理论方法。中卷为《材能》《利害》《接识》《英雄》四篇，下卷为《八观》《七缪》《效难》《释争》四篇，这两卷是应用研究，重在探讨人才的能力和品性，由此来观察他能否胜任某种官职，并形成才性之学。

刘劭，或作刘邵，字孔才，广平邯郸（今河北邯郸）人。据《三国志·魏书·刘劭传》记载，汉献帝建安年间（196—220）为计吏。后到了许都，当时太史上奏说："正旦当日蚀。"古代日食是不祥之兆，因此众官在尚书令荀彧家里商议要求停止岁首的朝庙祭祀，或者废除各地官员进京的朝会，刘劭认为古代的良史都有占卜失误的时候，所以应当继续进行接下来的事情。荀彧赞同刘劭，那天果然没有日食。由此刘劭崭露头角，后得到御史大夫的赏识，拜官太子舍人，升迁至秘书郎。魏文帝曹丕称帝时，为尚书郎、散骑侍郎。《三国志·魏书·崔林传》注引《魏名臣奏》曹丕诏"天下之士，欲使皆先历散骑，然后出据州郡，是吾本意也”。散骑为三国魏培育人才之所在，不仅要求其人善于骑马，而且也要善于著述。刘劭曾受诏集五经群书，编成我国历史上第一部类书《皇览》。魏明帝景初年间（237—239），刘劭受诏作《都官考课》，他认为“百官考课，王政之大较”，所以制定了七十二条百官考核的条例，又配之以《说略》，用来规定考核的范围。魏明帝曹叡时期，刘劭为陈留太守，又著《新律》《律略论》。曹叡很喜欢他的《赵都赋》，于是要求他作了《许都赋》《洛都赋》。当时朝廷对外穷兵黩武，对内建造宫室，于是刘劭作二赋，都具有讽谏意义。刘劭的著作还有《乐论》《孝经注》《尔雅注》《法论》《光禄勋刘劭集》等，可惜大都亡佚。魏曹芳正始年间（240—249），刘劭执经讲学，根据自己多年的官场生涯经验，完成了《人物志》三卷，并因而被赐爵关内侯。死后追赠光禄勋。

刘劭的《人物志》总结了考察人物的理论和方法，重在探讨人的能力和品性。魏晋时期，品评人物成为风尚，《人物志》的成书与当时的政治环境紧密相连，为九品中正制提供了更为坚实的理论基础。正如《史通·自叙》所言：“五常异禀，百行殊轨。能有兼偏，知有长短。苟随才而任使，则片善不遗；必求备而后用，则举世莫可，故刘劭《人物志》生焉。”战乱时代与和平年代是不同的，随着三国鼎立局面确立，中国社会进入了相对和平稳定的发展时期，风雨诡谲的年代已经过去，人才的选拔也需要顺应时代发展变化，于是任用人才由重谋略转为重德行，因此出于对品行高尚的人才的需求，《人物志》顺势而生。

《颜氏家训·风操》王利器注曰:“刘劭有《人物志》,即论人之作也。盖单言之曰物,复言之则曰人物也。”所谓《人物志》,就是评述人的著作。《人物志》自序中说:“夫圣贤之所美,莫美乎聪明,聪明之所贵,莫贵乎知人。”开篇便已点明主题“知人”,只有能“知人”,才会“众材得其序,而庶绩之业兴矣”。《四库全书总目》中也说:“其书主于论辩人材,以外见之符,验内藏之器,分别流品,研析疑似。”所以,《人物志》作为古代选拔人才的理论结晶,不仅体现了当时选拔官员的要求,而且与后世士人的修养有着紧密联系。阮逸序中也说:“是书也,博而畅,辨而不肆,非众说之流也。王者得之,为知人之龟鉴;士君子得之,为治性修身之檠栝。”上海涵芬楼藏明刊本的《重刻〈人物志〉跋》说:“刘劭《人物志》凡十二篇,辨性质而准之中庸,甄材品以程其职。事核辞章,三代而下,善评人品者,莫或能逾之矣。”点明了它的主要内容就是通过鉴别人才,观察他们的优缺点来为其寻找合适的职位,其具体从理论和实践两个方面对人才进行了探讨。

(一)人才理念

《九征》篇探讨人才形成的原因,认为“盖人物之本,出乎情性”,品评人物的根本在于情性,内在才性的偏向可以通过外在特征来表现,依靠内在生理体质表现出的外部的“性情”,如拘抗、宽急、躁静、勇怯等是为“九征”。《体别》篇以中庸为道德标准,分析偏才的十二种表现特征以及优缺点。《流业》篇以德、法、术为标准,将人才分为帝王之才和臣子之才,同时根据臣子之才的特点分为十二种,为其安排合适的职位。《材理》篇认为人才具有差异性,导致在鉴识人才时会出现误差以及偏见。人才在面对“道理”“事理”“义理”“情理”这四种有关万事万物不同的理论规律时,因自身“偏材”情性的认知偏颇所形成的不同态度特征,包括刚略之人、抗厉之人、坚劲之人、辩给之人、浮沉之人、浅解之人、宽恕之人、温柔之人、好奇之人九种类型,所以需要去讨论人才所具有的共同价值,以防止出现“流有七似,说有三失,难有六构,通有八能”的状况。《材能》篇根据偏才能力的不同,将其分为八种,并担任相应的职位。如注重自身道德修养的人,是清节家,可以担任冢宰之职,等等。《利害》篇主要叙述了六种人才在政治活动中的得失。《英雄》篇记述了刘劭关于“英雄”的认识。认为英才包含“聪”和“明”,雄才包含“胆”和“力”,只有二者相互结合,才能成就一番事业。

《人物志》总结了考察人物的理论方法,并形成才性之学,重在探讨人的能力和品性,认为选拔人才最重要的是“知人”,如果能做到鉴识人才,就可以“众材得其序,而庶绩之业兴矣”。而如何才能“知人”,需要从不同方面综合考虑。刘劭以孔子“知人者智”的人才观为依据,来构建自己的人才理论观念。

(二)实践方法

介绍完如何“知人”之后,《人物志》的下卷论述了上述理论在具体实践中可能出现的几种困难与错误。《效难》篇提出“知人”的两大困难:一是“难知之难”,二是“有知之而无由得效之难”。鉴识人才通常会遇到两大难题,即难以鉴识和鉴识之后难以任用。其中提到“夫名非实，用之不效”的问题，为了避免出现用人不当的情况，刘劭强调一定要实地考察，与所要鉴识的人接触交往，“故居视其所安”，看他在家时安于什么；“达视其所举”，看他显达后推举何人；“富视其所与”，看他富贵时给予别人什么；“穷视其所为”，看他没落时有何作为；“贫视其所取”，看他贫困时索取什么，然后才能知道他能否担当重任。即使有这些观察人才的方法，在实际操作中还是会出现问题。如《七缪》篇，从七个方面讨论了鉴识人才时容易出现的问题。“一曰察誉有偏颇之缪，二曰接物有爱恶之惑，三曰度心有大小之误，四曰品质有早晚之疑，五曰变类有同体之嫌，六曰论材有申压之诡，七曰观奇有二尢之失”。《效难》篇也说“众人之察，不能尽备。故各自立度，以相观采”。一般人观察人才并不能用全面发展的眼光，只是从某一角度来看，较为片面，“或相其形容，或候其动作，或揆其终始，或揆其儗象，或推其细微，或恐其过误，或循其所言，或稽其行事”，所以会导致“其得者少，所失者多”的结果。因此刘劭提出“居”“达”“富”“穷”“贫”等五种方法。但是人的心性和志向会随着时间和环境的变化而有所改变，“志趣变易，随物而化”，既要了解人的发展规律，又要懂得人会随时空的变化而变化，这是人才难以识别的重要原因。

《人物志》中关于人才鉴别的理论与实践方法相互阐释，相互印证，杂糅进儒、道、杂家的各类思想，提出了具体评价人物的方法。

从文学方面来看，刘劭在《九征》篇将人分为五类，分别是兼德、兼才、偏才、依似、间杂,前三类被称为人才。兼德之人“其为人也,质素平澹,中睿外朗,筋劲植固,声清色怿,仪正容直,则九征皆至,则纯粹之德也”,这样的人在文学作品中主要表现为至善之人,如刘备便充分地体现了兼德之才“中和”的特点。兼才之人“具体而微,谓之德行,德行也者,大雅之称也”,虽然没有兼德之人那样尽善尽美,但也拥有多种良好的品质。例如曹操,在文学作品中多是枭雄,有才略有胆识,但其是否兼德,后人多有争论。偏才之人,刘昞在《人物志》的注中解释为“徒仁而无义,徒义而无仁,未能兼济,各守一行,是以名不及大雅也”,刘邦的第二谋士陈平则是这类人的代表,虽然才智过人,但不择手段,成为后世诸多文学作品中有才无德之人的原型。所以说,《人物志》对研究文学作品中人物类型化有重要的价值。

另外,《人物志》对研究魏晋时期的思想学派也有巨大价值。《人物志》是一本杂糅百家思想的著作,囊括儒家、道家、纵横家等多个学派。首先是儒家思想。东汉末年,虽然战乱纷起,礼崩乐坏,传统儒家的仁与礼早已不占统治地位,但其对封建士人的思想和创作仍具有较大的影响力。刘劭的《人物志》也受到了儒家思想的影响,最明显的便是《九征》篇中的“偏至之材,以材自名;兼材之人,以德为目;兼德之人,更为美号。是故兼德而至,谓之中庸。中庸也者,圣人之目也”。认为只有圣人才能够达到兼及众才的中庸之道,将儒家的中庸、中和当作圣人所必须具备的品质。同时,《人物志》的思想在一定程度上也受到了当时环境的影响。三国时期选才重才而不重性。曹操于建安十五年(210)、十九年(214)及二十二年(217)就曾三次发布“唯才是举”令。建安才子徐幹在其所著的《中论·智行》篇中也说:“‘士或明哲穷理,或志行纯笃,二者不可兼,圣人将何取?’对曰:‘其明哲乎。夫明哲之为用也,乃能殷民阜利,使万物无不尽其极者也。圣人之(不)可及,非徒空行也,智也。伏羲作八卦,文王增其辞,斯皆穷神知化,岂徒特行善而已乎。’”受此思潮影响,《人物志》自然染上崇明尚智的纵横特色。《九征》篇中的“盖人物之本,出乎情性。情性之理,甚微而玄,非圣人之察,其孰能究之哉?凡有血气者,莫不含元一以为质,禀阴阳以立性,体五行而著形。苟有形质,犹可即而求之”,表现出比较鲜明的“崇明尚智”的色彩,与纵横家的思想一脉相承。除此之外,《人物志》还受到道家思想的影响,例如《释争》中的“君子知屈之可以为伸,故含辱而不辞。知卑让之可以胜敌,故下之而不疑”“让敌者,胜之也。下众者,上之也”。这与老子《道德经》中“故有无相生,难易相成,长短相形,高下相倾,音声相和,前后相随”的思想相通相合,体现了道家朴素的辩证法思想。同时,《人物志》还体现了名家的思想,整部书都在论述名与实、才与能、知与效的关系,与汉魏名家“甄察人物之理”相同,因而在《隋书·经籍志》中也被列入名家。

从魏晋玄学思想方面来看,《人物志》中的思想对魏晋玄学思潮的形成也有十分重要的影响。汤用彤先生指出,“自汉学至玄学之运动即为自复杂具体之学问转变为简单抽象合理化之运动，而名理之学即为其过渡”。名理之学的过渡作用，其理论浓缩于《人物志》一书。《人物志》体现了当时儒道糅合的趋势，具体体现为道德与才能并重。所谓“兼德而至，谓之中庸”，这里的中庸并不完全是儒家所提到的中庸，而是一种才能达到的均衡境界。“先察其平淡，而后求其聪明”，则是将儒家的中庸与道家的平淡结合，并将其作为鉴定人物的最高标准。这对后来魏晋玄学思想的产生以及魏晋清评清议之风有重要影响。

最后，《人物志》在美学、教育学、心理学等方面也有非常重要的价值。如《人物志》作为我国现存的第一部以选拔人才为目标的著作，其中选拔人才的标准及要求对当今教育研究以及学生发展研究也有重要意义。在美学方面，可以从才性之美、情性之美、人性之美等内容中汲取营养，为研究美学思想做出贡献。

不过，这本《人物志》也不是完美无缺的。作为一本含有教育学、心理学内容的著作，它提出“偏材之性，不可移转矣”，认为偏才的本性是不容易改变的；“学不入道，恕不周物”，后天的学习不能掌握事物的规律，有宽恕之心也不能事事周到顺意。这说明刘劭轻视人才的后天培养，认为人的资质由天赋决定，这是因为《人物志》主要为统治者服务，故不会重视人才的培养过程。所以我们在研读此书的同时，不可偏信尽信，“尽信书则不如无书”。虽有局限性，但也并不影响《人物志》在古代思想文化研究方面的重要地位。作为新时代中华文化的传承者，我们仍需研究《人物志》的思想，使其对当今社会的人才选拔有所贡献。

《人物志》成书后，北魏刘昞为其作注，南朝阮孝绪的《七录》和《隋书·经籍志》中对此书都有记载。宋阮逸为此书作过序。至明清时期流传甚广，版本众多，多收于丛书之中。比如《汉魏丛书》《广汉魏丛书》《汉魏丛书钞》《快阁藏书》《说海汇编》《增订汉魏六朝别解》《四库全书》《守山阁丛书》《益雅堂丛书》《墨海金壶》《畿辅丛书》《玲珑山馆丛书》《龙溪精舍丛书》《四部丛刊》《四部备要》等都有收录。

其单行刻本存世不多，主要有两个版本系统。

一是明正德本系统。现存最早的《人物志》刻本是明正德本，现藏国家图书馆。后隆庆六年(1572)，归德知府郑旻据正德本翻刻，此本现藏北京大学图书馆。万历十二年(1584)，刘用霖又据隆庆本翻刻，此本现藏国家图书馆。

二是明嘉靖本系统。嘉靖本是嘉靖八年(1529)顾定芳据俨山伯氏抄本刊刻，现藏南京图书馆。后万历五年(1577)李芮思益轩本又据嘉靖本刻成，现藏国家图书馆。

本书以《四部丛刊》为底本，其扉页注明“上海涵芬楼影印明正德刊本”。但据范希曾、傅增湘、王重民等学者考证，所据应为隆庆本，即隆庆六年(1572)归德知府郑旻据正德本翻刻本。

随着人们对《人物志》的重视，对《人物志》注释校勘的著作也日益增多。较早的有任继愈的《人物志》、孙人和的《刘劭〈人物志〉举证》，后续产生了十多种译注本，如郭模的《〈人物志〉及注校证》、李崇智的《〈人物志〉校笺》、伏俊琏的《〈人物志〉译注》、梁满仓的《人物志》、陈乔楚的《人物志今注今译》等。与此同时，国外学者也开始重视《人物志》并为其作注释。如日本学者冈村繁的《〈人物志〉刘注校笺》等。这些著作为后来对《人物志》进行更加深入的研究打下了基础。除了译注之外，研究《人物志》的著作也是层出不穷，如程兆熊的《人物志讲义》、伏俊琏的《人物志研究》、王晓毅的《中国古代人材鉴识术——〈人物志〉译注与研究》、阎世平的《刘劭人材思想研究》、燕国材的《我国古代一部重要的心理思想专著——刘劭〈人物志〉》、朱永新和刘崇德的《才性之谜——〈人物志〉注译与研究》等文章和专著。

近年来，研究《人物志》的学术论文也越来越多。如探讨《人物志》与魏晋玄学之关联的有王晓毅的《〈人物志〉与魏晋清谈》和《从〈人物志〉看魏晋玄学的形成》，周鸣岐的《刘劭和〈人物志〉》，高长山的《汉魏人物品鉴的审美取向——蔡邕所撰碑文与刘劭〈人物志〉的比较》等；关于人才思想方面研究的论文有郑万耕的《曹植、刘劭的唯物主义观点》，肖华忠和郭慧芳的《中国古代人材学思想的范畴》，郑玉光的《论中国古代人材学经典著作——〈人物志〉的理论贡献》，程有为的《试析刘劭〈人物志〉的人材学说》和李建中的《转型时期的才性理论——刘劭〈人物志〉研究》等；关于《人物志》与心理学方面的学术论文有徐光太、张和敬的《一部弥足珍贵的人材心理学专著——刘劭〈人物志〉初探》，郑玉光的《刘劭〈人物志〉所包含的心理学思想浅析》和燕国材的《刘劭的心理学思想研究》；关于《人物志》教育思想方面的探索有张传隧的《"学所以成才"——刘劭〈人物志〉教育思想试析》等。

《人物志》作为我国第一部系统地研究人才的理论著作，不仅有利于今人理解古代人才的选拔制度，而且对现代选拔人才有所启示，对人的教育发展也有很大意义，同时也为今人研究心理学与文学理论开辟了新的途径，让古人的智慧在当今时代大放异彩，让中国传统思想走向世界。故今为《人物志》作译注，希望对《人物志》的研究与发展有所贡献。

本书整理以《四部丛刊》为底本，对原文进行了梳理与句读，体例大致为题解、原文、注释和译文。今存《人物志》，均附刘昞注。刘昞所作的注，《四库全书总目》称其"不涉训诂，惟通大意"，只为疏通文意，与原文联系不是十分密切，因此本版并未放在正文里，而是在作注时适当参考。古人行文言简意赅，意蕴深厚，编者对深奥隐晦不常用的字词进行注音与注解，译文在不失原意的基础上稍加变通，力求通俗易懂。

由于我们能力有限，对此书整理难免会有各种纰漏，敬请方家不吝赐教。

李　辉

2021 年 5 月

目　录

卷　上

卷　中

卷 下

阮逸序[1]

人性为之原[2]，而情者性之流也。性发于内，情导于外，而形色随之[3]。故邪正态度，变露莫状[4]，溷而莫睹其真也[5]。惟至哲，为能以材，观情索性，寻流照原[6]，而善恶之迹判矣。圣人没，诸子之言性各胶一见[7]，以倡惑于后[8]，是俾驰辨斗异者肆其说[9]，蔓衍天下。故学者莫要其归[10]，而天理几乎熄矣[11]。

〔注释〕

①阮逸(约1002—?)：宋建州建阳(今属福建)人，字天隐。宋仁宗天圣五年(1027)进士，调镇江军节度推官。景祐初，知杭州。景祐二年(1035)，与胡瑗等校定钟律。康定元年(1040)，为太子中允，上书《钟律制议》。历武学教授、国子监丞、睦亲宅教授。皇祐二年(1050)，召赴大乐所更定钟磬制度。皇祐五年(1053)，迁屯田员外郎。著述有《易筌》《王制井田图》《文中子注》等，明嘉靖《建宁府志》卷18有传。

②原：本原。

③形色：容貌神色。

④状：形容，描述。

⑤溷(hùn):混浊,混乱。

⑥至哲:最有智慧的人,即圣贤。

⑦胶:固执。

⑧倡:倡导。惑:迷惑。

⑨肆:放纵,任意行事。

⑩归:回归本初,这里指性情的本心。

⑪熄:消亡,湮没。

〔译文〕

性是人的本原,情是性的外在表现。性是由人的内心深处发出的,而情是人内心的外在表现,容貌神态随之而变化。因此神态举止的正义与邪恶,变化莫测,难以形容与把握,混淆错杂,难以看到其真正面貌。只有最有智慧者才能通过其才能从观察情感入手探索性情并顺着足迹寻找源头,进而区分善良与邪恶。自孔圣人去世后,诸子的言论各不相同、各执一见,给后人留下了种种困惑,这些人喜爱辨斗、追求奇异,放纵地宣扬他们的学说,邪说遍布天下。所以,后世的学者根本找不到其本来面目,而自然的原本道理几乎湮没消亡了。

予好阅古书,于史部中得刘邵《人物志》十二篇,极数万言。其述性品之上下,材质之兼偏[①],研幽摘微[②],一贯于道[③]。若度之长短[④],权之轻重[⑤],无铢发蔽也[⑥]。大抵考诸行事[⑦],而约人于中庸之域[⑧],诚一家之善志也[⑨]。

〔注释〕

①兼偏:指将人分为兼才与偏才。

②幽:深邃。《尔雅》:“幽,深也。”这里指研究深入。微:微小,细微。

③道:圣人的学说,规律。

④度:衡量。

⑤权:权衡。

⑥铢发:一铢一发,比喻微小之物。蔽:遮蔽,掩盖。

⑦考:考察。

⑧中庸:原为儒家的伦理思想,指接人待物保持中正平和、不偏不倚。中,有中和、不偏不倚等含义;庸,有平常、常道等含义。儒家以此为最高的道德标准,并作为处理事物的基本原则和方法。域:领域,境界。

⑨诚:确实。善:优秀的,好的。志:记载,这里指学说。

〔译文〕

我喜欢读古书,在史部书中得到刘劭的《人物志》共十二篇,数万字。书中从性情的角度将人分为上下等级,从才质的角度将人才分为兼才与偏才,研究深入,钻研细微,用圣人的学说贯穿始终。如果用它的理论来衡量人的性情,权衡人的才质,那就没有任何死角。《人物志》大概是通过考察人的行为举止,将人的思想行为约束在“中庸”之中,确实是一种优秀的学说。

由魏至宋,历数百载,其用尚晦①,而鲜有知者。吁!可惜哉!刿虫篆浅技②,无益于教者,犹刊镂以行于世[3]。是书也,博而畅[4],辨而不肆[5],非众说之流也。王者得之,为知人之龟鉴[6];士君子得之[7],为治性修身之檠栝[8]。其效不为小矣,予安得不序而传之!媲夫良金美玉[9],籯椟一启[10],而观者必知其宝也。

〔注释〕

①晦:隐晦,含蓄。

②矧(shěn):况且。虫篆:雕虫,喻指不足道的技艺。

③刊镂:刊刻。

④博:内容广博。畅:言辞畅达。

⑤肆:见本章"是俾驰辨斗异者肆其说"句。

⑥知人:识别人才。龟鉴:借鉴。龟,龟卜。鉴,镜子。苏轼《乞校正陆贽奏议进御札子》:"聚古今之精英,实治乱之龟鉴。"

⑦士君子:泛指读书人。

⑧檠(qíng):矫正弓弩的器具。栝(guā):箭末扣弦处。

⑨媲(pì):同,匹敌。

⑩籯(yíng)椟:泛指存放珍宝的器具。

〔译文〕

从曹魏到我大宋,历经数百年,这部书的用途一直默默无闻,所以很少有人知道它。唉,真是可惜了!况且那些雕虫小技,对文治教化没有任何意义的书都能够刊刻出来并流传于世。这本书内容广博,言辞流畅,明辨是非而不失分寸,不是人云亦云的那类作品。统治者读了这本书,可以用来识别人才;读书人读了这本书，能够作为陶冶性情、修身养性的工具。其书的意义不容小觑，我怎么能够不为它作序，让它流传于世间呢！如同良金美玉，只要打开箱子，看到的人就会知道它是稀世珍宝。

自　序

〔题解〕

这是刘劭的自序，介绍了该书的主要内容和创作动机，集中论述了两个问题：一是突出圣人的优点即“知人”。通过尧、舜、汤、文王四位贤君任用人才使得国家安定富强的事例，说明识别人才的重要性。二是阐释了孔子的人才观。通过“四科”“三等”“六蔽”“狂狷”等，教导世人识别人才。

夫圣贤之所美，莫美乎聪明；聪明之所贵，莫贵乎知人①。知人诚智②，则众材得其序③，而庶绩之业兴矣④。

〔注释〕

①知人：识别人才。

②诚：如果。

③材：人才。序：次第，顺序。

④庶绩：各种事功。庶，众多。

〔译文〕

圣贤所推崇的，是明察事理，在明察事理中，最可贵的是能够识别人才。如果能用聪明才智来识别人才，那么众多的人才都可以排列有序并得到重用，各种事业就会兴旺了。

是以圣人著爻象①，则立君子小人之辞；叙《诗》志②，则别风俗雅正之业③；制礼乐，则考六艺祗庸之德④；躬南面⑤，则援俊逸辅相之材⑥。皆所以达众善，而成天功也⑦。天功既成，则并受名誉。是以尧以"克明俊德"为称⑧，舜以"登庸二八"为功⑨，汤以拔有莘之贤为名⑩，文以举渭滨之叟为贵⑪。由此论之，圣人兴德，孰不劳聪明于求人，获安逸于任使者哉！

〔注释〕

①爻(yáo)象：《周易》中的爻辞和象辞，后世泛指《周易》经传。

②《诗》：指《诗经》。志：《诗》中抒发的情志。《诗大序》(《毛诗序》)："《诗》者，志之所之也。在心为志，发言为《诗》。"

③雅正：王政教化。刘昞注："九土殊风，五方异俗，是以圣人立其教不易其方，制其政不改其俗。"

④六艺：是指礼、乐、射、御、书、数六种技能。祗(zhī)：恭敬。庸：常也。即恭敬而守恒常。

⑤南面：古代以坐北朝南为尊位，用以指帝王或诸侯、卿大夫之位。

⑥援：荐举，提拔。俊逸：英俊洒脱，超群拔俗。辅相：辅助，帮助。

⑦天功：古代以帝王为天子，因此用以称颂帝王的功业。

⑧尧：传说中远古帝王，原先居住在陶地，后来迁到唐地，故称陶唐氏，史称唐尧。克：能够。俊德：才德杰出的人。

⑨舜：传说中远古帝王，姚姓，号虞氏，史称虞舜。登庸：选拔任用。二八：八元、八恺的合称，泛指人才。八元，《左传·文公十八年》："高辛氏有才子八人：伯奋、仲堪、叔献、季仲、伯虎、仲熊、叔豹、季狸，忠肃共懿，宣慈惠和，天下之民，谓之'八元'。"八恺，《左传·文公十八年》："昔高阳氏有才子八人：苍舒、隤敳、梼戭、大临、龙降、庭坚、仲容、叔达，齐圣广渊，明允笃诚，天下之民谓之'八恺'。"

⑩汤：商王朝开国之君。任用伊尹执政，灭夏，建立商朝，在位三十年。有莘之贤：指伊尹。有莘，古国名。

⑪文：即周文王姬昌。渭滨之叟：即吕尚，又称吕望、师尚父。周文王在渭水之阳遇见吕尚在钓鱼，两人相谈甚欢，周文王说："吾太公望子久矣。"故称太公望，俗称姜太公。

〔译文〕

所以圣人制作爻辞和象辞的时候，小人和君子就有了不同的标准；在编订《诗经》的时候，就根据《诗经》的不同意志情感，区分民俗和王政教化；制定礼乐制度的时候，通过礼、乐、射、御、书、数来考查人们恭敬守常的品性和才德；身居帝王之位，就要重用提拔有才德能够辅助帝业的人。这些都是选举了众多有用的人才，完成帝业的例子啊！帝王的功业完成后，明君和贤臣就会一起享受盛名与声誉了。所以唐尧因能够识别才德杰出的人而被后世称赞，虞舜因为重用八元八恺而收到治国奇效，商汤因为任用伊尹而流芳百世，周文王因为提拔姜太公而名垂千古。从这些事实我们可以知道，圣人要想振兴道德之事，有哪一个不是运用自己的聪明才智去发现、重用人才，并且任用这些人才从而使自己获得了安逸啊！

是故，仲尼不试无所援升[①]，犹序门人以为四科[②]，泛论众材以辨三等[③]。又叹中庸以殊圣人之德[④]，尚德以劝庶几之论[⑤]，训六蔽以戒偏材之失[⑥]，思狂狷以通拘抗之材[⑦]；疾悾悾而无信[⑧]，以明为似之难保。又曰"察其所安，观其所由"，以知居止之行[⑨]。

〔注释〕

①不试：不用，不被任用。援升：提拔，任用。

②四科：孔门四科，指德行、言语、政事、文学。

③三等：孔子将众多人才分为三等。《论语·季氏》："生而知之者，上也；学而知之者，次也；困而学之，又其次也。"

④中庸：儒家的政治、哲学思想，主张待人、处事不偏不倚，无过无不及。

⑤庶几：差不多，接近。

⑥六蔽：因为不好学而造成的六种弊端，即愚、荡、贼、绞、乱、狂。《论语·阳货》："子曰：'由也，女闻六言、六蔽矣乎？……好仁不好学，其蔽也愚；好知不好学，其蔽也荡；好信不好学，其蔽也贼；好直不好学，其蔽也绞；好勇不好学，其蔽也乱；好刚不好学，其蔽也狂。'"

⑦狂狷：过于激进与过于保守。《论语·子路》："子曰：'不得中行而

与之,必也狂狷乎!狂者进取,狷者有所不为也。’”拘:拘守,约束。抗:正直,高尚。

⑧疾:厌恶,憎恨。悾悾:诚恳的样子。《论语·泰伯》:“狂而不直,侗而不愿,悾悾而不信,吾不知之矣。”邢昺疏:“悾悾,悫也。谨悫之人宜信而乃不信。”

⑨居止:起居行动,指从一个人的起居与行动中所体现的为人处世的原则。刘昞注:“言必契始以要终,行必睹初以求卒,则中外之情粗可观矣。”

〔译文〕

因此,孔子虽然不能实现自己的政治理想,不被各诸侯国任用,但他还是用德行、言语、政事、文学四科给他的门人排序,把众多的人才分为三等。又赞叹中庸这种好的品性,突出圣人的品德,用高尚的品德来劝勉贤才,用六种弊端来训诫门人,以防止有偏才的出现,希望得到志向远大、富于进取和洁身自好、守礼正直的人,并使他们的才能得以发挥;厌恶那些看起来忠厚老实却又不守信的人,也向世人说明了伪装是难以长久维持下去的。孔子说“认识一个人要观察他的行为,了解他的内心”,就可以知道他为人处世的真正目的了。

人物之察也,如此其详。是以敢依圣训,志序人物①,庶以补缀遗忘②,惟博识君子,裁览其义焉③。

〔注释〕

①志序:记录排列次序。

②庶:希望,但愿。

③裁览:判断观察。

〔译文〕

孔子对人才的考察是如此的详尽。所以我才斗胆依照圣人的准则,来记录序列天下人才,希望可以补充前贤的遗漏,希望博学高识的君子择优采纳其中有用的东西。

卷上

九征第一

〔题解〕

九征，就是人物的内心世界映射于外在的九种表象特征，即精神、感情、筋腱、骨骼、气息、脸色、仪表、容貌、语言。本篇主要探讨了人才形成的原因，提出人的性情与五行有关，且相应地表现在容貌与举止上。

盖人物之本，出乎情性①。情性之理，甚微而玄，非圣人之察，其孰能究之哉？凡有血气者②，莫不含元一以为质③，禀阴阳以立性④，体五行而著形⑤。苟有形质⑥，犹可即而求之。

〔注释〕

①情性：性是人与生俱来的本质特征，情是性的外在表象。

②血气：血液和气息，这里指人。《礼记·中庸》："凡有血气者，莫不尊亲。"

③元一：万物最本源、最初始的状态。

④阴阳：古代指宇宙间贯通物质和人事的两大对立面。此处指天地间化生万物的阴阳二气。

⑤五行：水、火、木、金、土。我国古代所认为的构成各种物质的五种元素，古人常以此说明宇宙万物的起源和变化。《孔子家语·五帝》："天有五行，水、火、金、木、土，分时化育，以成万物。"

⑥苟：如果，假使。

〔译文〕

人的本质，主要是由他的思想和性情所决定的。本性形成变化的道理，是非常细微而玄妙的，如果不是圣贤的考察和研究，谁能把它们弄明白呢？凡是有生命的物体，没有不包含元气为其本质的，秉承阴阳来确立自己的个性，依据五行成就形体。如果有形体的存在，那么就可以探求其内在的本质了。

凡人之质量，中和最贵矣①。中和之质，必平淡无味。故能调成五材②，变化应节③。

〔注释〕

①质量：资质，器量。中和：即中正平和。儒家认为能"致中和"，则天地万物均能各得其所，达到和谐境界。《礼记·中庸》："喜怒哀乐之未发，谓之中；发而皆中节，谓之和。中也者，天下之大本也；和也者，天下之达道也。致中和，天地位焉，万物育焉。"

②五材：五种德行，即勇、智、仁、信、忠。

③应节：符合节拍，这里指适应社会需要。

〔译文〕

人的资质和能力中，中和是最可贵的。中和作为人的基本素质，一定是平淡无味的。所以才能培养成勇、智、仁、信、忠这五种品性，并不断变化以适应社会发展的需要。

是故观人察质，必先察其平淡，而后求其聪明。聪明者，阴阳之精，阴阳清和①，则中睿外明②。圣人淳耀③，能兼二美，知微知章④。自非圣人，莫能两遂。故明白之士⑤，达动之机⑥，而暗于玄虑⑦。玄虑之人，识静之原，而困于速捷。犹火日外照，不能内见。金水内映，不能外光。二者之义，盖阴阳之别也。

〔注释〕

①清和：形容人清静平和的性情。

②中睿外明：内心明智，外表敏锐。睿，明智。明，敏锐。

③淳耀：光明，光耀。

④知微知章：既能看出事物的隐微征兆，也能看清其显著现象。《周易·系辞下》："君子知微知彰，知柔知刚，万夫之望。"

⑤明白：聪明，机敏。

⑥达：通晓。

⑦玄虑：深思熟虑。

〔译文〕

因此，观察一个人的素质，一定要先看他是否有平淡的素质，然后再探求他的聪明睿智。聪明是人阴阳二气交融的精华，阴阳清纯和谐，就会内心明智而外表敏锐。圣人之所以能够光耀照人，是因为他同时具备这两种美德，能看到事物的细枝末节和事物显著的现象。如果不是圣人，就不能具备此两方面。所以反应机敏的人，知晓事物微妙的变化，但是并不擅长深思熟虑。深思熟虑的人能看清事物静止的状态，但是行动不够敏捷。就像火焰和太阳可以照亮万事万物，却不能映出自身的形象。金属和水面可以反映出外物的形象，但是不能对外发光发亮。这两者的差别大概就是阴和阳的区别的反映。

若量其材质①，稽诸五物②。五物之征，亦各著于厥体矣③。其在体也，木骨、金筋、火气、土肌、水血，五物之象也。五物之实，各有所济。是故骨植而柔者，谓之弘毅④，弘毅也者，仁之质也。气清而朗者，谓之文理，文理也者⑤，礼之本也。体端而实者，谓之贞固，贞固也者⑥，信之基也。筋劲而精者，谓之勇敢，勇敢也者，义之决也。色平而畅者，谓之通微，通微也者⑦，智之原也。五质恒性，故谓之五常矣。

〔注释〕

①量：评价。

②稽:考核。

③厥:代词,其。

④弘毅:远大抱负,意志坚强。

⑤文理:礼仪。

⑥贞固:固守正道,坚贞不移。

⑦通微:通晓、洞察细微的事物。

〔译文〕

如果评价一个人的资质和才能,需要考核他身上所体现的金、木、水、火、土五种性质。五行的各种特征,均显著地体现在每个人的身上。五行与身体主要有以下几种对应关系:木对应骨骼、金对应筋腱、火对应气息、土对应肌肉、水对应血液,这就是五行在人体上的表现。五行所对应的人体物象,在成就人的品质中各有不同的意义。因此骨骼坚挺柔韧的人,可以认为是有远大抱负、意志坚强的人。远大抱负、意志坚强,这是"仁"的资质。气质清高而又爽朗的人,可以认为是符合礼仪的人,礼仪是"礼"的根本。体态端庄而又结实的人,可以看作是能固守正道、坚定不移的人,坚守正道、坚定不移是"信"的基础。筋腱有力而又精练的人,可以认为是勇敢的人,勇敢是义气的关键。面色平淡而通畅的人,可称为洞察细微、通晓事物的人,洞察细微事物是智慧的源泉。五种品质是恒久不变、永远存在的,所以称之为"五常"。

五常之别,列为五德。是故,温直而扰毅①,木之德也；刚塞而弘毅[2]，金之德也；愿恭而理敬[3]，水之德也；宽栗而柔立[4]，土之德也；简畅而明砭[5]，火之德也。虽体变无穷，犹依乎五质。故其刚、柔、明、畅、贞固之征，著乎形容，见乎声色，发乎情味，各如其象。

〔注释〕

①温直：态度温和，品性正直。扰毅：和顺坚毅。

②刚塞：刚健笃实。

③愿恭：忠厚诚实，恭敬庄重。

④宽栗而柔立：宽宏大量而又小心谨慎，有治理才能而又谨慎恭敬。

⑤简畅而明砭：爽快刚直、简约流畅，懂事理，善劝谏。

〔译文〕

仁、义、礼、智、信这五种品德，体现在人的身上，有不同的表现方式，被称为五德。因此，态度温和、品性正直又坚毅的人，拥有木的品德；刚健笃实又有抱负的人，拥有金的品性；恭谨诚实、忠厚庄重而有治理才能且谨慎恭敬，是水德；宽宏大量、小心谨慎而又温柔有办事能力是土德的品质；直爽流畅又懂事理、擅长劝谏的人，拥有火德。虽然人的品德和性情变化无穷，但仍然依赖于金、木、水、火、土这五德。所以刚强、柔和、明朗、畅达、坚持等内在品质都有其外在的显著表现，通过神情面貌、声音脸色，就能够表现出人的各种品质。

故心质亮直[①],其仪劲固;心质休决[②],其仪进猛[③];心质平理,其仪安闲。夫仪动成容,各有态度:直容之动[④],矫矫行行[⑤];休容之动[⑥],业业跄跄[⑦];德容之动[⑧],颙颙卬卬[⑨]。

〔注释〕

①心质:心性,气质。亮直:诚信,正直。亮,通“谅”,诚信。

②休决:美好刚毅。

③进猛:振奋而威严。

④直容:正直的仪容。

⑤矫矫:勇武。行行:刚强负气。

⑥休容:温和之人的外在表现。

⑦业业:危惧的样子。跄跄:形容走路有节奏的样子。

⑧德容:道德高尚之人的外部特征。

⑨颙(yóng)颙卬(áng)卬:形容体貌庄重肃穆、气宇轩昂。

〔译文〕

所以内在品性忠诚耿直,他的仪表风度就刚劲稳健;内在品性美好刚毅,外表就会勇猛奋进;内在品性平和理智,外表就会安逸闲适。外表举动的表现,都有不同的姿态气势与之对应。正直之人,表现出来的就是勇武刚强;温和之人,表现出来的样子是心怀危惧、小心谨慎;品德高尚之人,表现出来的样子是庄重恭敬、气宇轩昂。

夫容之动作，发乎心气①，心气之征，则声变是也。夫气合成声，声应律吕②。有和平之声③，有清畅之声，有回衍之声。夫声畅于气，则实存貌色。故诚仁必有温柔之色，诚勇必有矜奋之色④，诚智必有明达之色。

〔注释〕

①心气：思想感情。

②律吕：古代校正乐律的器具，用竹管或金属管制成，共十二管，管径相等，以管的长短来确定音的不同高度。从低音管算起，成奇数的六个管叫作“律”，成偶数的六个管叫作“吕”，合称“律吕”。后也用以指乐律或音律。

③和平：乐声平和、和顺。

④矜奋：武勇，果敢。

〔译文〕

人的外表仪态源自内心活动和思想感情，内心活动和思想感情的外在表现“即”声音，随着心气的变化而不同。心气汇成声音，声音又附和着音律。有温缓平和的声音，有清爽舒畅的声音，有余音缭绕的声音。声音的畅达表现在气息上，也体现在面貌上。所以真正的仁爱之心，神情一定是温和柔顺的，真正的勇敢，一定是果断勇猛的，真正的智慧，一定是明理通达的。

夫色见于貌，所谓征神①。征神见貌，则情发于目。

故仁目之精，悫然以端[2]。勇胆之精，晔然以强[3]。然皆偏至之材[4]，以胜体为质者也。故胜质不精，则其事不遂。是故直而不柔则木，劲而不精则力，固而不端则愚，气而不清则越，畅而不平则荡。

〔注释〕

①征神：谓人的神态、表情等反映其内心世界。

②悫（què）：诚实，谨慎。

③晔然：光亮、明亮的样子。

④偏至：某一方面达到最高成就。

〔译文〕

人的面部表情可以反映出一个人的精神面貌，这就是精神的外在表现。精神的外在表现通过神态展现，即从眼神中可以看出。所以仁爱的目光真诚又端庄，勇敢的目光炯炯有神。但是这些都是偏才，都是为了突出某一种性情的。所以性情不够完美，那么就会万事不顺。因此挺直而坚硬则表现为质朴木讷，刚劲却不精干则表现为倔强，固执而不端庄则表现为愚憨，语言表达不清楚则表现为偏激，想法流畅而面露不满则表现为放荡。

是故，中庸之质，异于此类。五常既备，包以澹味[1]，五质内充，五精外章。是以目彩五晖之光也。故曰物生有形，形有神精。能知精神，则穷理尽性。

〔注释〕

①澹味：淡味，无味。

〔译文〕

所以，中庸这种品质，与上面所说的都不同。中庸的人具备仁、义、礼、智、信这五常，拥有平淡性情，五常充实内心，五种精神表现于外，因此目光熠熠生辉。所以说万物生来都有形体，形体都有其精神。能够深刻地了解其内在精神，就把握了真理、探究到了万物的本质。

性之所尽，九质之征也。然则平陂之质在于神①，明暗之实在于精，勇怯之势在于筋，强弱之植在于骨，躁静之决在于气，惨怿之情在于色②，衰正之形在于仪，态度之动在于容，缓急之状在于言。其为人也，质素平澹③，中睿外朗，筋劲植固，声清色怿，仪正容直，则九征皆至，则纯粹之德也。九征有违，则偏杂之材也。

〔注释〕

①平陂：平地与倾斜不平之地。

②惨：悲伤。怿：喜悦。

③质素：谓其本色素朴、不加文饰。

〔译文〕

性情的所有表现都体现在九征中。这就是性情淡泊和激进都体现在精神上，内心的聪明与暗昧都体现在情感上，勇敢和胆怯体现在筋腱上，性格强势和软弱都体现在骨骼上，性格急躁和文静由气息决定，悲伤和喜悦体现在面色上，猥琐与端庄体现在仪态上，举止神情表现于容貌，急速和缓慢表现于言语。作为一个人，朴素自然，不加修饰，内心睿智，外表爽朗，筋腱劲拔强固，声音清脆，面色欢喜，仪态端正，容貌庄重，这就具备了九征，拥有了纯正完美的品德。如果缺少了其中的一种品质，那么就会成为偏至和间杂之才。

三度不同①，其德异称。故偏至之材，以材自名；兼材之人，以德为目；兼德之人，更为美号。是故兼德而至，谓之中庸。中庸也者，圣人之目也。具体而微②，谓之德行，德行也者，大雅之称也③。一至④，谓之偏材，偏材，小雅之质也。一征⑤，谓之依似，依似，乱德之类也。一至一违，谓之间杂，间杂，无恒之人也。无恒、依似，皆风人末流⑥，末流之质，不可胜论，是以略而不概也。

〔注释〕

①三度：指人才的三个标准。

②具体而微：具备了圣人品德但程度不够深。

③大雅：德高而有大才的人。

④一至：小善，偏材。

⑤一征：九征中的某一征。

⑥风人：指古代采集民歌风俗以观民风的官员。

〔译文〕

偏才、兼才、兼德三种人才的德才比例程度不同，他们相应的才德称号也不同。所以偏才以其所偏精的专长而得名；兼有多重才能的人才以其所具有的品德为名；兼有完美道德的人则更有一种美号之名。所以具备道德而完美的品质，被称为中庸。中庸是对圣人的称呼。拥有了中庸这种品德但是还没有更深一步的理解，称之为德行，德行是对大雅之人的称呼。在某一方面突出的是偏才，偏才是小雅之人的特征。拥有九征中的某一种，叫作似是而非，似是而非，属于乱德的一种。只在某些方面才能突出而在某些方面相违背的，认为是间杂之人，间杂是指德行紊乱、无恒常品德的人。这都是人才中的最低层次，处在末流的人不胜枚举，因此就不具体细说了。

体别第二

〔题解〕

体别就是不同品质的人的不同表现。此篇列举了十二种人才的性格特征，并分析了其优点和缺点，以及如何规避缺点，任用这些人才。

夫中庸之德，其质无名。故咸而不碱，淡而不𩕳①，质而不缦②，文而不缋③。能威能怀，能辩能讷。变化无方，以达为节。是以抗者过之，而拘者不逮④。

〔注释〕

①𩕳(kuì)：无味。刘昞注："谓之淡耶？味复不𩕳。"

②缦：没有彩色花纹的丝织品。刘昞注："谓之质耶？理不缦素。"意思是虽然简单，但是又有装饰。

③缋(huì)：色彩鲜明。

④不逮：比不上，不及。

〔译文〕

中庸这种品质，无法用具体的名称来概括它的本质。因此咸而不苦涩，平淡又不是没有味道，质朴无华又带有装饰，有文采又不炫耀。威严又能宽容待人，巧言善辩又能寡言少语。变化万千，没有规律，以通达事理为准则。因此，高昂激进的人做事往往会过头，而拘谨不争的人做事则达不到。

夫拘抗违中，故善有所章[1]，而理有所失。是故厉直刚毅，材在矫正，失在激讦[2]。柔顺安恕，每在宽容，失在少决。雄悍杰健，任在胆烈，失在多忌。精良畏慎，善在恭谨，失在多疑。强楷坚劲[3]，用在桢干[4]，失在专固。论辨理绎，能在释结[5]，失在流宕[6]。普博周给，弘在覆裕，失在溷浊。清介廉洁，节在俭固，失在拘扃[7]。休动磊落，业在攀跻[8]，失在疏越。沉静机密，精在玄微，失在迟缓。朴露径尽，质在中诚，失在不微。多智韬情，权在谲略[9]，失在依违[10]。及其进德之日不止，揆中庸[11]以戒其材之拘抗，而指人之所短，以益其失。犹晋楚带剑，递相诡反也[12]。

〔注释〕

①章：同“彰”，彰明。

②激讦(jié)：激烈率直地揭发、斥责别人的隐私和过失。

③楷：刚直。

④桢干：指起决定作用的重要的人或事物。

⑤释结：解决疑难。

⑥流宕：放荡，不受约束。

⑦拘扃(jiōng)：拘谨自闭。扃，上闩，关门。

⑧攀跻：攀登。

⑨谲略：谲诈多谋。

⑩依违：缺乏主见，反复无常。

⑪揆：揣测，揣度。

⑫“犹晋楚”句：意思是楚国人和晋国人相互嘲笑对方的佩剑带错位置。刘昞注：“自晋视楚，则笑其在左；自楚视晋，则笑其在右。左右虽殊，各以其用。而不达理者，横相诽谤。拘抗相反，皆不异此。”

〔译文〕

拘谨与亢进都违背了中庸之道，所以他们的优点会被表现出来，也有情理之中的过失。因此严厉直爽、刚强坚毅的人，他们的才干在于纠正偏错，缺点是太过偏激。温柔和顺、安静宽恕的人，优点是待人宽容，缺点是优柔寡断。雄壮强悍、优秀健谈的人，优点是勇敢刚烈，缺点是猜忌他人。精明温良、畏惧谨慎的人，优点是谦恭慎重，缺点是多疑。坚强刚直的人，作用在于骨干支撑，缺点在于专擅固执。能言善辩、长于推理的人，优点在于解决疑难问题，缺点是放荡不拘于礼。善于交际、纵横捭阖的人，优点是从容有度，缺点是容易善恶好坏不分。清正耿直、廉洁自持的人，优点是勤俭节约，缺点是拘谨自闭。行为光明磊落的人，优点是积极进取，缺点是做事粗心、有疏漏。沉稳安静、心怀机智的人，他的精明在于玄远微妙，缺点是拖沓、忽视效率。质朴直爽、尽心尽职的人，优点是忠诚，缺点是不善于隐藏自己。足智多谋、不露声色的人，优点是足智多谋，缺点是缺乏主见、犹豫不决。等到他们认为自己的道德品质已经大为长进时，揣度中庸之道以防止自己成为偏才，并指出他人的短处，以更彰显他的不足之处。就像晋国人和楚国人的佩剑方式不同，却相互嘲讽对方的剑佩带错了，这是不符合事物客观实际的。

是故强毅之人，狠刚不和。不戒其强之搪突①，而以顺为挠②，厉其抗。是故可以立法，难与入微③。柔顺之人，缓心宽断④，不戒其事之不摄，而以抗为刿⑤，安其舒。是故可与循常⑥，难与权疑⑦。雄悍之人，气奋勇决，不戒其勇之毁跌⑧，而以顺为恇⑨，竭其势。是故可与涉难，难与居约。惧慎之人，畏患多忌，不戒其懦于为义，而以勇为狎⑩，增其疑。是故可与保全，难与立节。凌楷之人⑪，秉意劲特⑫，不戒其情之固护⑬，而以辨为伪，强其专。是故可以持正，难与附众⑭。辩博之人，论理赡给，不戒其辞之泛滥，而以楷为系，遂其流。是故可与泛序，难与立约。弘普之人，意爱周洽，不戒其交之溷杂，而以介为狷，广其浊。是故可以抚众，难与厉俗。狷介之人⑮，砭清激浊，不戒其道之隘狭，而以普为秽，益其拘。是故，可与守节，难以变通。休动之人，志慕超越，不戒其意之大猥，而以静为滞，果其锐。是故可以进趋，难与持后⑯。沉静之人，道思回复，不戒其静之迟后，而以动为疏，美其懦。是故可与深虑，难与捷速。朴露之人，中疑实硌⑰，不戒其实之野直，而以谲为诞，露其诚。是故可与立信，难与消息。韬谲之人⑱，原度取容⑲，不戒其术之离正，而以尽为愚，贵其虚。是故可与赞善，难与矫违。

〔注释〕

①戒：戒备，去掉。搪突：即“唐突”，冒犯。

②挠：屈服。

③立法：建立法制，制定法令条例。入微：深入到细微之处。常用于形容精妙或细致。此句刘昞注：“狠强刚戾，何机微之能入。”意思是杀伐决断的人，很难观察到事物的细微之处。

④缓心：性情缓慢。宽断：寡断。

⑤列：通“昧”，暗昧，愚昧。

⑥循常：遵守常规。

⑦权疑：决断疑难。

⑧毁跌：错失。

⑨恇：怯懦，害怕，畏惧。

⑩狎：轻忽，怠慢。

⑪凌楷：严峻正直，合乎规范。

⑫秉意：执意，坚持己见。

⑬固护:志坚专一。

⑭“是故可以持正”两句:意思是太过执着的人,听不进去众人的建议,所以很难服众。刘昞注:“执意坚持,何人众之能附?”

⑮狷介:孤高洁身。狷,胸襟狭窄,性情急躁。《国语·晋语二》:“小心狷介,不敢行也。”韦昭注:“狷者,守分有所不为也。言虽知当与申生俱去,耻不能事君而出,故不敢行也。”

⑯持后:落后于他人而不争。古代道家认为这样才能领先于别人。刘昞注:“志在超越,何谦后之能持。”意思是志向远大,很难有谦虚的态度。《文子·上德》:“老子学于常枞,见舌而知柔;仰视屋树,退而目川,观影而知持后。”

⑰碢(tāo):石头名。

⑱韬谲:怀藏诡诈。

⑲原度:推原测度。取容:讨好别人以求自己安身。

〔译文〕

因此严厉耿直、刚正不阿的人,果敢而不温和。他不是力戒强势冒进的缺点,反而认为温顺是一种软弱屈服,从而使其竞争进取之心更加强烈。所以这种人可以让他制定法令条例,但很难让他去做探究细微的工作。温顺宽厚的人,心性平和,处事宽松,他不去戒除其遇事缺乏始终如一的缺点,反而认为果断决绝是在伤害他人,安心于安逸舒适的处事方法。所以这种人可以让他按部就班地做事,但难以让他决断疑难。威武强壮的人,勇猛果敢,他不是力求戒除勇猛带来的挫折和失败的缺点,反而认为顺应时势是胆小畏惧,从而将自己莽撞的气势发挥到极致。

所以这种人可以和他共患难，但很难让他服从约束、接受限制。谨慎胆小的人，担忧害怕、多猜疑，他不去努力改掉害怕行义的缺点，反而认为勇敢是对人的轻视怠慢，从而进一步增加他的疑虑恐惧心理。这样的人可以在困境中保全自己，但很难要求他建功立业。严峻刚直的人，最突出的是执着，他不是力求改掉情感中固执的缺点，反而用狡辩来伪装，从而强化他固执的性格。这样的人可以维护公正，但是很难团结众人。巧言善辩、知识广博的人，理论丰富，他不是力戒言辞无所顾忌的缺点，反而把规矩当作束缚，从而随心所欲、放任自己。这样的人可以与他泛泛而谈，很难与他志同道合。博爱的人，将自己的仁爱之心广泛地付与他人，他不去力求改变自己混乱的社交方式，而是把耿介正直当作心胸狭窄，从而扩大了自己是非不分的毛病。这样的人可以让他去安抚众生，很难让他激励他人。廉洁自持、孤高自傲的人，针砭时弊，评论是非，他不去力求改掉狭隘的处事心胸，反而把普遍常见的视为污秽，这就增加了他的拘泥和保守。所以这样的人可以让他坚守情操，但很难让他变通。行为高尚、光明磊落的人，钦慕志向高远，他不去力求改掉自我意识太强烈的缺点，反而把沉静当成是呆板迟滞，从而更加锐意进取、急于求成。所以这样的人，可以让他开拓前行，但是很难让他置身众人之后。深沉安静的人，做事反复思考，他不去力求戒除因追求深思熟虑而忽视了办事效率的毛病，而是把积极主动做事看成是粗疏，把怯懦当成美德。所以这样的人可以让他深思熟虑，但很难让他速战速决。朴素率直的人，把心中的疑惑暴露无遗，他不去改变因实在造成的粗鲁莽撞的性格缺陷，反而把谋略当成荒诞，更加展示自己的忠诚。这样的人，可以与他讲究信用，但是很难让他随机应变。心怀诡诈的人，揣度别人的心思讨好对方，他不是力求改掉处事专任邪门歪道的心思，反而把真心待人当作是愚昧，更加看重虚伪不实。这样的人可以让他赞美颂扬善美，但很难让他纠正违规、杜绝邪恶。

夫学所以成材也，恕所以推情也。偏材之性，不可移转矣，虽教之以学，材成而随之以失；虽训之以恕，推情各从其心。信者逆信①，诈者逆诈②。故学不入道，恕不周物，此偏材之益失也。

〔注释〕

①逆信：事先相信别人诚实不欺。刘昞注："推己之信，谓人皆信，而诈者得容为伪也。"

②逆诈：事先猜疑别人，存心欺诈。刘昞注："推己之诈，谓人皆诈，则信者或受其疑也。"

〔译文〕

学习是使人能够成才的途径，由己及人，才能推测他人的想法。偏才是无法灵活转变的，即使教导他学习，所学之道也会在实践中失去。即使用待人以恕来教导他，他也会以偏才的心来揣测他人。如果自己讲信用，那么会认为他人也理应讲信用；如果自己欺瞒他人,那么会认为他人也在欺瞒自己。所以学习不到事物的精髓,推己及人也不能符合他人真正所想,这就更增加了偏才的失误。

流业第三

〔题解〕

人才的发展由道德、法律和方法为源头，通过发展演变成不同的流派，后来各种流派逐渐远离源头，形成了不同的行业。此篇将人才分为十二种，详细介绍了各自合适的职位。

盖人流之业①，十有二焉：有清节家②，有法家③，有术家④，有国体⑤，有器能⑥，有臧否⑦，有伎俩，有智意，有文章，有儒学，有口辩，有雄杰。

〔注释〕

①流：流派，派别。业：职业。

②清节家：节操高洁，可为典范者。刘昞注："行为物范。"

③法家：古代的思想流派之一。起源于春秋时的管仲、子产，发展于战国时的李悝、商鞅、申不害、慎到等人，战国末期的韩非集法家学说之大成。主张以法治代替礼治，反对贵族特权，代表了新兴地主阶级的利益。刘昞注："立宪垂制。"意思是制定宪法。

④术家：精通权谋的人。刘昞注："智虑无方。"

⑤国体：大臣辅佐国君，犹人之有股肱，故称之为国体。这里是指栋梁之材。刘昞注："三材纯备。"意思是具备德、法、术的人才。

⑥器能：才能。

⑦臧否：品评，褒贬。刘昞注："分别是非。"

〔译文〕

大体上按照职业和事功可以把人才分为十二种：清节家、法家、术家、国体、器能、臧否、伎俩、有智意、有文章、有儒学、有口辩、有雄杰。

若夫德行高妙，容止可法[①]，是谓清节之家，延陵[②]、晏婴是也[③]。建法立制，强国富人，是谓法家，管仲[④]、商鞅是也[⑤]。思通道化[⑥]，策谋奇妙，是谓术家，范蠡[⑦]、张良是也[⑧]。

兼有三材[⑨]，三材皆备，其德足以厉风俗，其法足以正天下，其术足以谋庙胜[⑩]，是谓国体，伊尹[⑪]、吕望是也[⑫]。兼有三材，三材皆微，其德足以率一国，其法足以正乡邑，其术足以权事宜，是谓器能，子产[⑬]、西门豹[⑭]是也。

兼有三材之别，各有一流[⑮]。清节之流，不能弘恕，好尚讥诃[⑯]，分别是非，是谓臧否，子夏之徒是也[⑰]。法家之流，不能创思远图[18]，而能受一官之任，错意施巧[19]，是谓伎俩，张敞[20]、赵广汉是也[21]。术家之流，不能创制垂则[22]，而能遭变用权，权智有余，公正不足，是谓智意，陈平[23]、韩安国是也[24]。

凡此八业，皆以三材为本。故虽波流分别，皆为轻事之材也。

〔注释〕

①容止：仪容举止。

②延陵：春秋时吴王寿梦第四子季札，封地在延陵。

③晏婴：字平仲，夷维（今山东高密）人。春秋时齐国大夫，以节俭著称，能忠言直谏。

④管仲：《国语·齐语》记载，管仲，即管敬仲，名夷吾，字仲，春秋时颍上（今属安徽）人。建立选拔人才制度。

⑤商鞅：约公元前390年至公元前338年，因功封于商十五邑，号商君，因称商鞅。卫国公族的后代，也称卫鞅。入秦国后，以富国强兵之道说服秦孝公，实行变法，从政治、经济、军事等各方面改革旧的制度。秦孝公死，被贵族诬害，车裂而死。

⑥道化：指自然和社会规律的发展变化。

⑦范蠡：字少伯，楚国宛（今河南南阳）人。被越王勾践重用，帮助勾践励精图治，恢复发展实力。越灭吴后弃官，改姓易名，迁到陶地，以经商致富，称陶朱公。

⑧张良：字子房，秦末汉初韩地人。投奔刘邦，为其重要谋士。刘邦

入关，他建议刘邦封秦宫室府库，收揽民心。楚汉战争中，又提出种种策略，都为刘邦采纳，使汉军取胜。汉朝建立，封为留侯。

⑨三材：德、法、术。刘昞注："德与法、术，皆纯备也。"

⑩庙胜：指朝廷预先制定的克敌制胜的谋略。

⑪伊尹：商代人，名伊。汤时大臣。尹，官名。相传伊尹为家内奴隶，为有莘氏女陪嫁之媵臣。受汤赏识并举用。后又辅佐外丙、仲壬二位君王。

⑫吕望：即姜尚，东海人，姜姓，吕氏，名尚，字子牙。家里贫穷，在渭滨上垂钓，周文王看见他并和他交谈，很是高兴地说："吾太公望子久矣。"故称太公望，俗称姜太公。辅佐周文王、周武王灭商。武王时尊为师尚父，封于齐，都营丘，为齐之始祖。

⑬子产：名侨，字子美，春秋时郑国人，郑穆公之孙。当政期间锐意改革、选贤举能，将郑国治理得井井有条。

⑭西门豹：战国时期魏国大臣。任职期间移风易俗，主张藏粮于民，寓兵于农，示民以信。据说此人性急，常佩韦以自缓。

⑮各有一流：各自演变成不同的流派。刘昞注："三材为源，则习者为流也。"

⑯讥诃：讥责非难。

⑰子夏：即卜商，春秋末卫国人，一说晋国温人，字子夏。孔子弟子，以文学见称。

⑱创思远图：独立的见解和远大的目标。刘昞注："法制于近，思不及远。"

⑲错意：在意，注意。错，通"措"。

⑳张敞：字子高，西汉京兆杜陵人。官至京兆尹，做事颇有效率，曾经一日之内捕到数百个罪大恶极之人。后为冀州刺史，盗贼都闻名而逃窜。

㉑赵广汉:字子都,西汉涿郡蠡吾(今河北博野西南)人。官至京兆尹,治绩显著,执法不避权贵。后因为治丞相魏相罪不实被杀。

㉒创制:建立制度。垂则:垂示法则。

㉓陈平:秦末汉初阳武(今河南原阳)人。少时家贫,为人聪慧。楚汉战争中,投奔刘邦任护军中尉,献计刘邦行反间计,使项羽不再信任谋士范增,并建议刘邦以王爵笼络大将韩信,使其全力进击项羽。汉朝建立,封为曲逆侯。

㉔韩安国:字长孺,西汉梁国睢阳(今河南商丘)人。吴楚七国之乱时,被任为将,击退吴兵,因此名显于时,为景帝与窦太后所器重。匈奴贵族进攻,他被任为材官将军,兵败,不久病呕血死。

〔译文〕

如果品德修行高尚,仪容举止为人们所效仿,这样的人就是清节家,延陵、晏婴就是这一类人。建立法制,颁布法令,使国家富强,使人民富裕,这样的人就是法家,管仲、商鞅就是这样一类人。思想通晓客观事物的变化规律,能筹划出奇谋妙策,这样的人就是术数家,范蠡、张良就是这一类人。

兼有德、法、术这三种才能并且均很完备,那么他的品德就可以引领当地风俗,他制定的法令可以匡正天下的不良风气,他的谋略完全可以胜任预先制定克敌制胜的谋略,这样的人可称为国体,伊尹、吕望是这一类人。兼有德、法、术这三种才能,但又不太精通,其德行可以作为一个国家的表率,其行为可以匡正乡里的不良风俗,其谋术足以应变各种事情,这样的人称为器能，子产、西门豹是这一类人。

三种才能兼备，在发展的过程中又各自发展出不同的流派。清节家，不能宽容待人，喜欢为难他人、搬弄是非，这样的人称为批评监督型人才（臧否），子夏就是这类人。法家之流没有创新思维和远大的格局，但能胜任具体的官职，着意施展自己的巧技，这样的人就是伎俩家，张敞、赵广汉就是这类人。术数家之流，不能建立制度、颁布法令，但遇到事情能够随机应变，应付事物的能力足够了，但难以公平公正，陈平、韩安国就是这类人。

这八类人才都是以德、法、术三种才能为基础的。虽然他们流派不同，但他们都是可以轻易地完成自己职责分内之事的人才。

能属文著述，是谓文章，司马迁①、班固是也②。能传圣人之业，而不能干事施政，是谓儒学，毛公③、贯公是也④。辩不入道⑤，而应对资给⑥，是谓口辩，乐毅⑦、曹丘生是也⑧。胆力绝众，材略过人，是谓骁雄⑨，白起⑩、韩信是也⑪。

〔注释〕

①司马迁：字子长，西汉夏阳（今陕西韩城南）人。司马谈之子。二十岁时曾游历全国各地，考察风俗，采集历史遗闻。公元前108年，接替父职任太史令。因替投降匈奴的李陵辩解，触怒武帝，被处以宫刑。出狱

后,任中书令,发愤完成《太史公书》,后人称为《史记》,开创了我国纪传体史书的体例,同时具有很高的文学价值,对后世史学与文学都有深远影响。

②班固:字孟坚,班彪子。编撰史书时,被人告发私改国史而下狱。获释后召为兰台令史、典校秘书。奉诏继续修史完成《汉书》,开创纪传体断代史书。东汉和帝时从大将军窦宪攻匈奴。窦宪被诛,受牵连,下狱而死。

③毛公:有大毛公、小毛公两人。大毛公为战国鲁人毛亨,相传作《毛诗故训传》以授毛苌,世称亨为"大毛公"。毛苌称小毛公,西汉赵人。曾任河间献王博士。

④贯公:西汉赵人。师从贾谊,受《左传》,传《训诂》。官至河间献王博士。

⑤入道:合于圣贤之道。

⑥应对:酬对,对答。资给:天资聪敏,言语便捷。

⑦乐毅:战国中山国灵寿(今河北灵寿)人。战国时燕将,魏将乐羊的后代。通晓兵法。公元前284年,联合赵、韩、魏、楚等国率军击齐,大败齐军。因功封于昌国,号昌国君。后遭反间计出奔赵,在赵国终老。

⑧曹丘生:西汉楚人。辩士,为季布客卿。

⑨骁雄:勇猛雄武之士。

⑩白起:即公孙起,战国时郿(今陕西眉县)人。擅长用兵。秦昭王时,率军大破韩、魏军,升为大良造。公元前278年,攻克楚都郢,因功封武安君。自为将后数十年间,先后为秦攻取韩、魏、赵、楚七十余城,威震诸侯。后因与相国范雎意见不合,受谗毁,被秦昭王赐剑自杀而死。

⑪韩信:秦末汉初淮阴(今属江苏)人。初属项羽为郎中,后投奔刘邦,被任为大将。楚汉战争时,他率军抄袭项羽后路,破赵取齐,占领黄河

下游之地，对项羽造成包围态势，被刘邦封为齐王。汉朝建立，改封楚王。后有人告他谋反，被降为淮阴侯。数年后，又被人告发与叛将陈豨勾结谋反，为吕后所杀。

〔译文〕

善于写文章、著书立说，这样的人称为文章家，司马迁、班固就是这一类人。可以传承圣人的事业，又不干涉朝廷内政，这样的人就是儒学家，毛公、贯公就是这一类人。善于辩论又不一味地迎合圣人之道，但应答如流，天资聪慧，这样的人是口辩家，乐毅、曹丘生就是这一类人。胆量勇力过人，才学谋略突出，这样的人是骁雄，白起、韩信就是这一类人。

凡此十二材，皆人臣之任也，主德不预焉。主德者，聪明平淡，总达众材[①]，而不以事自任者也。是故主道立，则十二材各得其任也。清节之德，师氏之任也[②]。法家之材，司寇之任也[③]。术家之材，三孤之任也[④]。三材纯备，三公之任也[⑤]。三材而微，冢宰之任也[⑥]。臧否之材，师氏之佐也。智意之材，冢宰之佐也。伎俩之材，司空之任也[⑦]。儒学之材，安民之任也。文章之材，国史之任也[⑧]。辩给之材，行人之任也[⑨]。骁雄之材，将帅之任也。

〔注释〕

①总：统领。刘昞注："众材既达，则人主垂拱无为而理。"意思是统领众多的人才，君主就可以放手让人才去管理国家具体事务。

②师氏：周代官名。掌辅导王室、教育贵族子弟以及朝仪得失之事。《周礼·地官司徒·师氏》："师氏掌以媺诏王。"郑玄注："告王以善道也。"

③司寇：官名。夏商已有，周为六卿之一，即秋官大司寇，掌管刑狱、纠察等事。春秋列国也有此官职，孔子曾经为鲁国司寇，后因与季氏不合而离开。清朝时别称刑部尚书为大司寇，侍郎为少司寇。见《周礼·秋官司寇》。

④三孤：指少师、少傅、少保。《尚书·周书·周官》："少师、少傅、少保曰三孤。"地位低于公，尊于卿。历代沿置。

⑤三公：古代中央三种最高官衔的合称。不同朝代、不同时期三公之官名称不同，职掌也不一样。周以太师、太傅、太保为三公。《尚书·周书·周官》："立太师、太傅、太保。兹惟三公，论道经邦，燮理阴阳，官不必备，惟其人。"东汉以太尉、司徒、司空为三公。《尚书大传》："天子三公，一曰司徒公，二曰司马公，三曰司空公，各兼二卿。"

⑥冢宰：周官名，为百官之长，掌率百官佐天子治国，即后代的宰相。《周礼·天官冢宰》："惟王建国，辨方正位，体国经野，设官分职，以为民极。乃立天官冢宰，使帅其属，而掌邦治，以佐王均邦国。治官之属，大宰卿一人，小宰、中大夫二人。"

⑦司空：官名。相传殷朝为辅政大臣之一，掌管工程。《礼记·曲礼下》："天子之五官，曰司徒、司马、司空、司士、司寇，典司五众。"

⑧国史:古代史官的泛称。《毛诗·关雎序》:“国史明乎得失之迹。”孔颖达疏:“国史者,周官大史、小史、外史、御史之等皆是也。”

⑨行人:官名。《周礼·秋官》属官有大行人、小行人,掌迎送接待宾客之礼。刘昞注:“掌之应答送迎道路。”

〔译文〕

这十二种人才,都是可以胜任人臣之职的,君主的才能德行并不包括在里面。君主的德行,就是聪明平淡,统领众多有才干的人,而不是自己承担具体的事务。因此君主之道确定了,那十二类的人才都可以各司其职了。具备清节家才德的人,担任师氏的官职。具备法家才能的人,担任司寇的职位。术数家,担任三孤的职位来辅佐王公。具备德、法、术这三种才能的人,可以担任三公的职位。三种才能都具备只是比前者稍微差些的,可以担任冢宰的职位。具有臧否人物、评论是非才能的,可以辅佐师氏。善权变智谋才能的,可以辅助冢宰。具有伎俩才能的可以担任司空的职位。具有儒学之才的人,可以担任安抚百姓的职务。具有著书立说才能的文章家,可以担任编修国史的职位。具有论辩才能的人,可以承担出使的职责。骁勇雄悍、雄才大略的人,可以担任将帅之职。

是谓主道得而臣道序,官不易方,而太平用成。若道不平淡,与一材同用好,则一材处权,而众材失任矣。

〔译文〕

这就是说君主之道确立,人臣之道也就井然有序,人臣各司其职,那么天下就太平无事了。如果君主之道不能做到淡泊而中庸,就会偏爱某种人才,那么这种人才就会担任重要职位,其他才能的人就会被弃之不用。

材理第四

〔题解〕

人才形成的理论，即道理、事理、情理、义理，本篇通过对四理的分析，探讨各类人才的得失。

夫建事立义，莫不须理而定[①]。及其论难，鲜能定之。夫何故哉？盖理多品而人异也。夫理多品则难通，人材异则情诡。情诡难通，则理失而事违也。

〔注释〕

①“夫建事立义”二句：意思是说话做事前遵循一定的规则，就不会困惑、失败。刘昞注：“言前定则不惑，事前定则不踬。”

〔译文〕

做成一件事情，确定某一观点，都需要遵循一定的规律。每遇辩论诘难的时候却很少能一锤定音。这是为什么呢？这是因为道理有很多种，人才也各不相同。道理种类多就会很难取舍，人才各有特色，性情就会有差别。人才的性情各异就会很难沟通，这样就会失去对道理认知而导致无法正确地认识事情。

夫理有四部①，明有四家②，情有九偏，流有七似③，说有三失，难有六构，通有八能。

〔注释〕

①四部：即下文所说的道理、义理、事理、情理。

②明有四家：即四理的外在表现。

③流有七似：刘昞注："似是而非，其流有七。"

〔译文〕

道理分为四类，有四种外在表现形式，人的性情不同而产生九种不同的偏颇，有七种似是而非的情况，在讨论过程中造成的失误有三种情况，在非难中所构成的情绪有六种，通晓天下之理需要八种能力。

若夫天地气化①，盈虚损益，道之理也。法制正事，事之理也。礼教宜适，义之理也②。人情枢机③，情之理也。

〔注释〕

①气化：阴阳之气的变化。

②义：符合道德的思想和行为。

③枢机：言语。刘昞注："观物之情，在于言语。"

〔译文〕

至于天地之间阴阳之气化成万物、盈亏消长，是万物发展规律的道理。制定法令管理政务，是关于处理事情的道理。用礼仪来规范民众的行为举止，是关于义的道理。通过观察语言来了解性情，这是关于情感的道理。

四理不同[①]，其于才也，须明而章，明待质而行。是故质于理合，合而有明，明足见理，理足成家。是故质性平淡，思心玄微，能通自然，道理之家也。质性警彻[②]，权略机捷[③]，能理烦速[④]，事理之家也。质性和平，能论礼教，辩其得失，义礼之家也。质性机解[⑤]，推情原意[⑥]，能适其变，情理之家也。

〔注释〕

①四理：道理、义理、事理、情理。此句刘昞注："道、义于事、情各有家。"

②警彻：敏悟透彻。

③机捷：刘昞注云："容不迟钝，则其心机速。"

④烦速：繁杂急迫的事务。

⑤机解：机敏颖悟。刘昞注："容不妄动，则原物得意。"

⑥推情原意：推想性情，追溯源头。原，同"源"。

〔译文〕

四种道理各不相同，对于人才来说，需要通过外在表现出来，而外在表现是依赖于内在特质的。所以人才的资质和道理相统一，统一之后人的资质才会显现，显现之后道理也就体现出来了，道理体现出来也就足够成为一家之言了。所以人才的资质性情平淡，思想深奥而微妙，能通晓万物发展的规律，这就是理论家了。人才的资质性情聪敏透彻，谋略机智敏捷，能够处理繁杂急迫的事务，这就是事理家了。人才的资质性情温和不偏激，能够讨论礼仪教化之事，辩论礼仪教化的得失，这就是义理家了。人才的资质性情机敏颖悟，能够推断事情发展变化的源头，适应事情的发展，这就是情理家了。

四家之明既异[①]，而有九偏之情。以性犯明，各有得失。刚略之人，不能理微，故其论大体，则弘博而高远，历纤理[②]，则宕往而疏越[③]；抗厉之人[④]，不能回挠[⑤]，论法直，则括处而公正[⑥]，说变通，则否戾而不入[⑦]；坚劲之人，好攻其事实[⑧]，指机理[⑨]，则颖灼而彻尽，涉大道，则径露而单持[⑩]。辩给之人[⑪]，辞烦而意锐，推人事，则精识而穷理[⑫]，即大义，则恢愕而不周[⑬]；浮沉之人[⑭]，不能沉思，序疏数[⑮]，则豁达而傲博，立事要，则爁炎而不定[⑯]；浅解之人，不能深难，听辩说，则拟锷而愉悦[⑰]，审精理，则掉转而无根[⑱]；宽恕之人，不能速捷，论仁义，则弘详而长雅，趋时务，则迟缓而不及；温柔之人，力不休强[19]，味道理，则顺适而和畅[20]，拟疑难，则濡懦而不尽[21]；好奇之人，横逸而求异，造权谲，则倜傥而瑰壮，案清道[22]，则诡常而恢迂[23]。此所谓性有九偏，各从其心之所可以为理。

〔注释〕

①四家：即上文“四理”。刘昞注：“明出于真，情动于性，情胜明则蔽，故虽得而必丧也。”

②历：审视，察看。纤理：细微的事理。

③宕往：豪纵不羁。疏越：疏忽，疏漏。刘昞注：“志远故疏越。”

④抗厉：高尚严正。

⑤回挠：屈服。此两句刘昞注：“用意猛奋，志不旋屈。”

⑥括处：遵守法度，执法审察刑狱。括，约束。处，审查。

⑦否（pǐ）戾：悖谬，不合情理。

⑧“坚劲之人”二句：意思是意志坚定，说话从容不迫。刘昞注：“用意端确，言不虚徐。”

⑨机理：事物变化的道理。

⑩径露：直截了当，不含蓄。刘昞注：“言切则义少。”

⑪辩给（jǐ）：便言捷给，能言善辩。刘昞注：“用意疾急，志不在退挫。”意思是在辩论的时候言辞激烈，不会谦让他人。

⑫精识：见解精确。穷理：穷究事物之理。

⑬恢愕：恢廓直率。不周：不齐全，不周到。此句刘昞注：“理细故遗大。”

⑭浮沉：随波逐流，追随世俗，指性情浮躁之人。

⑮疏数：指稀疏和密集、远近和亲疏。

⑯爁（làn）炎：火势蔓延，引申为火焰飘动。爁，焚烧之意。

⑰锷：刀剑的刃。

⑱掉转：转到相反一面，回转，指犹豫不定。无根：没有根基，没有依据。

⑲休强：盛美强壮。

⑳顺适：顺从，迎合。

㉑濡懦：软弱。

㉒清道：清静无为之道。

㉓恢迂：不切实际。

〔译文〕

四家的外在表现各不相同，由此产生了人才的九种性情偏颇。由于性情受到干扰，四家对事物的看法各有不同和得失。性情刚烈粗犷的人，难以看到事物微妙的变化，在论说事物概貌时，会显得博大而又高远，而在审察细微的道理时，往往会不拘小节而疏忽遗漏。性情高尚严正的人，不会屈服于强权，在商议法令适用时，依法处理案件公正不偏，处理事情时，不能灵活变通，会出现不合情理的问题。性情坚强不屈的人，善于钻研事实，在谈论事物变化的道理时，聪颖而明白透彻，在谈论宏观道理时，则直截了当，用意单纯。能言善辩的人，辞藻繁复而思想敏锐，推断人情事理，见解精确而道理深透，碰到大的道理，恢廓直率而不周到。性情浮躁不沉稳的人，思考问题不能深入，在为亲疏远近排序上，豪爽大方，夸夸其谈，在重要的事情上，就如同飘摇不定的火势，没有主见。理解问题浅薄的人，难以和他深入交谈，辩论的时候，被别人认为是刀剑一样的言论时而心情愉悦，在审察事物的精深道理时，会反复无常，没有根据。性情宽大仁恕的人，反应不够快速敏捷，在谈论仁义时，宽宏和顺又高尚文雅，处理具体事务时，缓慢又做不好。性情温柔的人，力量不强大，体会道理的时候，顺从又温和，遇到困难迷惑时，软弱迟疑、犹豫不决。好标新立异的人，狂放不羁又追求新奇，在耍弄权谋的时候，往往不同寻常、瑰丽雄壮，在谈论无为之道时，诡异又不切实际。这就是人们所说的性情的九种偏颇，不同的性情从内心本质出发又有各自的道理。

若乃性不精畅①，则流有七似。有漫谈陈说，似有流行者②。有理少多端，似若博意者。有回说合意，似若赞解者。有处后持长，从众所安，似能听断者③。有避难不应，似若有余，而实不知者。有慕通口解，似悦而不怿者。有因胜情失，穷而称妙，跌则掎跖④，实求两解，似理不可屈者。凡此七似，众人之所惑也。

〔**注释**〕

①性不精畅：指没有仁、义、礼、智、信这“五性”的纯粹品德。

②“漫谈陈说”二句：意思是夸夸其谈，说的好像是正确的。刘昞注：“浮漫流雅，似若可行。”

③听断：听取陈述而做出决定，判断是非。

④掎蹠（jǐzhí）：依据，理由。此句刘昞注：“理已跌矣，而强牵据。”意思是理论没有依据，牵强附会而已。

〔译文〕

至于性情不够纯正和畅的人，就会有七种似是而非的表现。有的人大谈陈旧的学说，好像他的学说是当下正在流行的学说。有的思绪纷繁但是道理少，好像博学多识的样子。有的说一些附和别人的意思进行答复，表现上称赞别人说得好，心里对别人所说的并不理解。有的在别人讨论后才发表长篇大论的观点，依从多数人认为可靠的观点，好像能够判断是非一样。有的避开难题不回应，好像若有所思的样子，其实根本不知道怎么回答。有的人仿效那些反应机敏的人，看上去很高兴其实内心并不开心。有的人在讨论中为求胜而失去理性，已经词穷还自以为妙而未尽，勉强寻找理由来作为论证的依据，想要求得解决方法，好像没有被对方屈服的样子。这七种情况都是大家所困惑的。

夫辩有理胜，有辞胜。理胜者，正白黑以广论，释微妙而通之。辞胜者，破正理以求异，求异则正失矣。

夫九偏之材，有同、有反、有杂。同则相解，反则相非，杂则相恢。

故善接论者，度所长而论之。历之不动则不说也[1],傍无听达则不难也。不善接论者,说之以杂、反;说之以杂、反,则不入矣。

善喻者,以一言明数事。不善喻者,百言不明一意。百言不明一意,则不听也。是说之三失也。

〔注释〕

①历:依次陈说。

〔译文〕

辩论有的以道理取胜,有的以辞采取胜。以道理取胜的人,黑白分明,以是非进行论断,解释精微深奥的道理使它通俗易懂。以辞采取胜的人,突破正理来标新立异,标新立异就会失去正理。

九种人才各有侧重点,有相同的地方,有不同的地方,也有交织在一起的地方。性情相同会相互理解,反之就会相互为难,交织在一起就会没有原则地相互包容。

因此善于辩论的人,考虑对方的擅长而与之谈论。如果讨论的过程中对方不为所动,就不必再说了;如果对方没有听到心里去,也没必要再说了。不善于辩论的人,用混杂相反的观点去与别人论说,对方是不会听进去的。

善于开导别人的人,寥寥几句就能说明很多事情。不善于开导别人的人,说再多的话都是徒劳无功的。说了许多还是说不明白一个意思,别人就不会听了。这是辩论中常见的三种失误。

善难者，务释事本；不善难者，舍本而理末。舍本而理末，则辞构矣①。

善攻强者，下其盛锐②，扶其本指，以渐攻之。不善攻强者，引其误辞，以挫其锐意。挫其锐意，则气构矣③。

善蹑失者④，指其所跌。不善蹑失者，因屈而抵其性。因屈而抵其性，则怨构矣。

或常所思求，久乃得之。仓卒谕人⑤，人不速知，则以为难谕。以为难谕，则忿构矣。

夫盛难之时⑥，其误难迫。故善难者，征之使还。不善难者，凌而激之，虽欲顾藉⑦，其势无由。其势无由，则妄构矣。

凡人心有所思，则耳且不能听。是故并思俱说，竞相制止，欲人之听己。人亦以其方思之故，不了己意，则以为不解。人情莫不讳不解，讳不解则怒构矣。

凡此六构，变之所由兴也。

〔**注释**〕

①辞构：言辞繁复、冗长。此两句刘昞注："不寻其本理，而以烦辞相文。"意思是不探寻本质，反而用繁复的语言来修饰。

②盛锐：气盛志坚。此两句刘昞注："对家强梁，始气必盛，故善攻强者，避其初鼓也。"意思是避开对手气势正盛的时候。

③气构：因生气而相互驳难。

④蹑失：追究过失，批评错误。蹑，同"摄"，提起，拿住。

⑤仓卒：匆忙，急迫。

⑥盛难之时：讨论正值兴头上，或气盛而出现语言错误的时候。此两句刘昞注："气盛辞误，且当避之。"

⑦顾藉：顾念，顾惜。

〔译文〕

善于诘难辩论的人，致力于抓住问题的根本而舍弃末节；不善于诘难争辩的人，往往舍弃问题的根本而致力于末节。只看到粗枝末流而忽视其本质，这就形成了言辞冗长、废话连篇的情况。

善于与强者辩论的人，先想方设法减少其盛锐之气，顺着他辩论的意旨，然后循序渐进地批驳他。不善于与强者辩论的人，往往仅会找出对方语言上的错误来挫败对方的锐气。用这样的方法挫败对方的锐气，就会使其说话和表情都带有明显的情绪。

善于利用对方失误的人，在辩论的时候会提出对方不对的地方。不善于利用对方失误的人，趁他理屈的时候，会利用他的错误进一步挤压使其受挫。趁其理屈的时候挤压他，这就带有树敌的情绪了。

有的人常常思考难解的问题，经过很长时间才能得到其中的答案。却想让别人立刻接受这个道理，别人不能立刻接受，他就认为别人难以理喻。认为别人难以理喻，别人就会因愤怒与之争论。

当别人气盛而出现语言错误时，就要避开他语言上的错误。所以正确对待别人语言错误的人，指出其失误，却让他有挽回的余地。不善于对待别人语言错误的人，看到对方的错误就会揪着不放，攻击对方，即使对方想顾及双方的面子，但已无法挽回。这种情况下，就会使他胡乱地争辩，肆意诋毁。

当人进行思考的时候，就完全沉浸在自己的世界里，听不进去不同意见。所以辩论双方都在思考，相互据理力争，想要对方同意自己的观点。辩论一方因为思考的原因，自然就没有听进去另一个人的说法，那个人就以为对方不理解自己的意图。忌讳别人说不理解是人之常情。因为忌讳别人说自己不理解，便造成了愤怒的情绪。

以上六种情况，都是谈话中产生纠纷的原因。

然虽有变构，犹有所得。若说而不难，各陈所见，则莫知所由矣。由此论之，谈而定理者眇矣①。

必也聪能听序②，思能造端③，明能见机④，辞能辩意，捷能摄失，守能待攻，攻能夺守，夺能易予。

兼此八者，然后乃能通于天下之理，通于天下之理，则能通人矣。不能兼有八美，适有一能，则所达者偏，而所有异目矣⑤。

〔注释〕

①眇:少,盲目。此句刘昞注:“理多端,人情异,故发言盈庭,莫肯执其咎。”意思是情理多种多样,人的性情也是不同的,很多参与讨论的人都不能盖棺定论。

②听:洞察是非。序:排出次序。

③造端:开始,开端。

④见机:识机微,辨情势,指从事物的细微变化中预见其先兆。

⑤异目:以偏才建立各自的名声。

〔译文〕

然而在辩论中虽然有各种情绪的变化构成,但最终要确定的真理取得成功。如果在辩论的时候各抒己见,而不去反驳对方的观点,就不知道哪种道理是应该听从的。由此看来,泛泛而谈、没有辩论而获得的道理是盲目的。

必须做到能敏锐地分辨出声音大小的微妙变化,深思熟虑能够追寻到事物的源头,眼光敏锐能够觉察到事情变化的先兆,言辞巧妙完全能够表达自己的意愿,处事敏捷能够弥补一时的失误,在辩论中以不变应万变,防守顽强能够抵挡对方的进攻,攻击凌厉能够攻破对方的防守,巧妙地运用对方的弱点战胜对方。

具备这八种才能,然后才能通晓天下万事万物的道理,通晓天下的道理,就能够明白如何鉴别、任用人才的道理了。不能够同时具备这八种才能,只具备其中一种,通晓的事理有偏颇,就只能以各自的偏才建立自己的名声。

是故聪能听序，谓之名物之材[①]；思能造端，谓之构架之材[②]；明能见机，谓之达识之材[③]；辞能辩意，谓之赡给之材；捷能摄失，谓之权捷之材[④]；守能待攻，谓之持论之材[⑤]；攻能夺守，谓之推彻之材[⑥]；夺能易予，谓之贸说之材[⑦]。

〔注释〕

①名物：给事物命名，辨明物理。

②构架：运筹决策，构思设计。

③达识：富于才干、识见。也指富于才干、识见者。

④权捷：谓敏于应变。

⑤持论：立论，提出主张。

⑥推彻：推翻，推倒。

⑦贸说：擅长辞令。

〔译文〕

所以听力敏锐得能够分辨声音大小细微差别的人，具有给事物命名的才能；深思熟虑得能够领悟事物源头的人，称为构架之才；明察秋毫就能分辨出事情微妙之处的人，称为达识之才；用丰富准确的词语表达自己意愿的人，称为赡给之才；处事敏捷得能够弥补一时失误的人，称为权捷之才；能以不变应万变的人，称为持论之才；攻击对方时能攻破对方防守的人，称为推彻之才；利用对方的弱点攻破对方的防守、制服对方、达到自己的目的的人，称为贸说之才。

通材之人，既兼此八材，行之以道。与通人言，则同解而心喻；与众人之言，则察色而顺性。虽明包众理，不以尚人。聪睿资给，不以先人。善言出己，理足则止。鄙误在人①，过而不迫。写人之所怀，扶人之所能②。不以事类犯人之所婟③，不以言例及己之所长。说直说变，无所畏恶④。采虫声之善音，赞愚人之偶得。夺与有宜，去就不留。方其盛气，折谢不吝⑤。方其胜难，胜而不矜⑥。心平志谕，无适无莫⑦，期于得道而已矣。是可与论经世而理物也⑧。

〔注释〕

①鄙误：错误，过失。

②扶：帮助，援助

③婟（hù）：忌恨。

④畏恶：畏惧。

⑤折谢：折节道歉。

⑥不矜：不骄傲夸耀。

⑦无适无莫：没规定该如何，也没规定不该如何。多指在坚持一定目标下，善用灵活权宜手段。

⑧经世：治理国事。理物：治民。

〔译文〕

通才之人，兼备这八种才能，他们能够遵循事物的规律发挥这些才能。和通晓天下事物的人讨论问题，就会因为见解相同而心意相通；和一般的人讨论问题，就会察言观色，附和他们的意见不与其争辩。他们虽然明白世间的很多道理，但是仍然谦虚。聪明睿智，不认为自己优于别人。美言出于己口，道理讲充分就适可而止。对于别人错误的言论，虽然比较明显但是不去追究。要说别人所想的，帮助别人发挥才能。不触犯别人的禁忌之处，不多说有关自己优点的话。无论是面对正直的人还是善变的人，说话都无所畏惧。从鸣虫的叫声中获得美的声音，赞扬愚笨之人的偶然发现。夺走或者给予，都恰到好处，离开或留下都毫不迟疑。辩论的时候，对方正当气盛的时候，也能弯腰致歉毫不吝啬。在辩论中处于优势的时候，也能做到不骄傲自满。心平气和，不规定做什么，也不规定不做什么，只是为了掌握事理，这样的人就可以一起探讨治理国家和民众的道理了。

卷中

材能第五

〔**题解**〕

本篇首先论述“人材有能大而不能小”这种说法的不准确性。有人认为人的性情有宽宏急躁之分,所以就有适宜做大事或小事的人。心胸宽阔的人,应该为郡国出谋划策,让属下的人能够发挥自己的才能,各司其职,一起完成功业。性情急躁、目光短浅的人,应当治理一县之事,亲自办理具体的事情。从而提出“人材各有所宜,非独大小之谓”的观点。

其次阐述人的才质不同,能力各有不同的问题。谈到人的八种能力,并依此具体分析清节之才、法家之才、术家之才、智意之才、谴让之才、伎俩之才、臧否之才以及豪杰之才各自具有的能力,以及他们适宜担任的职位和将会形成的治理局面,充分论证了“材能既殊,任政亦异”的见解。

最后陈述“人材不同,故政有得失”,谈及八种政策在治理中的优点与不足。深度阐明中心论点——量能授官,不可不审。

或曰:人材有能大而不能小,犹函牛之鼎不可以烹

鸡[1]。愚以为此非名也[2]。

夫能之为言,已定之称,岂有能大而不能小乎?凡所谓能大而不能小,其语出于性有宽急。性有宽急,故宜有大小。宽弘之人[3],宜为郡国,使下得施其功,而总成其事。急小之人,宜理百里[4],使事办于已。然则郡之与县,异体之大小者也。以实理宽急论辩之,则当言大小异宜,不当言能大不能小也。

若夫鸡之与牛,亦异体之小大也,故鼎亦宜有大小。若以烹犊,则岂不能烹鸡乎?故能治大郡,则亦能治小郡矣。推此论之,人材各有所宜,非独大小之谓也。

〔注释〕

①函牛之鼎:能容下一头牛的大鼎。函,包含,容纳。

②名:形容,描述。

③宽弘:胸怀宽阔,气量弘深。

④百里:古代一个县大约方圆百里,故代指一县。

〔译文〕

有人认为:人才能任高级职务而不能任低级职务,就像能容下一头牛的大鼎不能用来烹鸡一样。我认为这个描述是不对的。

才能作为一个词,已经成了一个专门术语,怎么能有可以担任高级职务而不能担任低级职务的人呢?所谓可以担任高级职务而不能担任低级职务，乃是因为人的性情不同。性情有宽宏急躁之分，所以其任职应该有高低之分。心胸宽阔的人，应该为郡国出谋划策，让属下的人充分发挥自己的才能，各司其职，而自己总揽全局完成郡国长官的职责。性情急躁目光短浅的人，适合治理一县之事，亲自办理具体的事情。然而郡国和县，只是范围上有大小之分而已。从实际的治理和性情宽急的角度来看，则应当说适宜治理地方大小的差别，不应当说能治理大地方而不能治理小地方、能力大的人不能处理小事情。

至于鸡和牛的关系，只是体型上大小不同，所以鼎也有大小之分。如果能用来烹牛的鼎，难道就不能用来烹鸡吗？因此能治理大郡的人，也能治理小郡。由此看来，人才是各有所长的，各有适宜的职位，并不是有大小高低之分。

夫人材不同，能各有异。有自任之能①，有立法使人从之之能，有消息辨护之能②，有德教师人之能③，有行事使人谴让之能④，有司察纠摘之能⑤，有权奇之能⑥，有威猛之能。

〔注释〕

①自任：修己洁身，自觉承担。

②消息：一消一长，变化更替。辨护：办理监督。

③德教：道德教化。

④行事：出使之事。谴让：谴责，责备。

⑤纠摘：督察揭发。

⑥权奇：智谋出众。

〔译文〕

人才各有不同，能力也各有其异。有人有修己洁身、自觉担当的能力，有人有建立法度使人遵循的能力，有人有根据世事变化、灵活办理监督的能力，有人有道德教化、为人师表的能力，有人有出使别国、辩论谴责的能力，有人有督察是非、检举揭发的能力，有人有善于谋划、建功立业的才能，有人有威武勇猛、震慑敌国的能力。

夫能出于材，材不同量。材能既殊，任政亦异[①]。

是故自任之能，清节之材也。故在朝也，则冢宰之任[②]，为国则矫直之政[③]。立法之能，治家之材也。故在朝也，则司寇之任，为国则公正之政。计策之能，术家之材也。故在朝也，则三孤之任，为国则变化之政。人事之能，智意之材也。故在朝也，则冢宰之佐，为国则谐合之政。行事之能，谴让之材也。故在朝也，则司寇之佐，为国则督责之政。权奇之能，伎俩之材也。故在朝也，则司空之任，为国则艺事之政。司察之能，臧否之材也。故在朝也，则师氏之佐，为国则刻削之政[④]。威猛之能，豪杰之材也。故在朝也，则将帅之任，为国则严厉之政。

〔注释〕

①任政:指所担负的职责、政事。

②冢宰:见《流业》。下文"司寇、三孤、司空、师氏"皆可参考《流业》。

③矫直:矫正邪僻,使归正直。

④刻削:苛刻,严酷。

〔译文〕

人的能力出于才智,才智又有大小的不同。能力不同,所担任的职位也不同。

因此,具有修己洁身、自觉担当能力的人,是清节家之才。所以在朝廷中可以担任宰相,治理国家时则能矫正邪僻、实施正直的政策。具有立法能力的人,是法家之才。所以在朝廷中可以担任司寇,治理国家时则实施公平正义的政策。具有出谋划策能力的人,是术数家之才。所以在朝廷中可以担任三孤,治理国家时则能与时俱进,根据变化实施相应的政策。具有处理各类人情世故能力的人,是智意之才。所以在朝廷中可以辅佐宰相,治理国家时则会实施和谐仁义的政策。具有出使他国能力的人,是谴让之才。所以在朝廷中可以辅佐司寇,治理国家时则会实施监察问责的政策。具有谋划奇策能力的人,是伎俩之才。所以在朝廷中可以担任司空,治理国家时则会实施推崇技艺的政策。具有监察检举能力的人,是臧否之才。所以在朝廷中可以辅佐师氏,治理国家则会实施严苛的政策。具有威武勇猛、震慑他人能力的人,是豪杰之才。所以在朝廷中可以担任将帅,治理国家时则会实施令行禁止的军事化政策。

凡偏材之人，皆一味之美。故长于办一官，而短于为一国。何者？

夫一官之任，以一味协五味。一国之政，以无味和五味[①]。又国有俗化[②]，民有剧易[③]。而人材不同，故政有得失。

是以王化之政，宜于统大，以之治小则迂[④]。辨护之政，宜于治烦，以之治易则无易。策术之政，宜于治难，以之治平则无奇。矫抗之政[⑤]，宜于治侈，以之治弊则残。谐和之政，宜于治新，以之治旧则虚。公刻之政，宜于纠奸，以之治边则失众。威猛之政，宜于讨乱，以之治善则暴。伎俩之政，宜于治富，以之治贫则劳而下困。故量能授官，不可不审也。

凡此之能，皆偏材之人也。故或能言而不能行，或能行而不能言。至于国体之人，能言能行，故为众材之隽也。

〔注释〕

①无味和五味：刘昞注："水以无味，故五味得其和。"

②俗化：习俗教化。

③剧易：激烈与平和。

④迂:迂腐,即不合时宜、脱离实际。

⑤矫抗:也作“矫亢”,与众不同,标新立异。

〔译文〕

大凡偏才之人,都是某一种能力突出。所以他们善于处理某个官职的事务,但是在处理一国之事上就有缺陷。为什么呢?

担任某一个官职,就好像用一味来调和五味。处理一个国家的事情,如同以无味来协调五味。而且国家各地的习俗教化不同,民众的性情也有激烈和平和之分。人才的能力大小不同,因此用他们治理国家就会有得有失。

所以用王道教化施政的人,适合治理国家大事,用他们治理烦琐小事就不合时宜。实行辨护之政的人,适合用于治理琐碎的事情,治理平常的事情就会加大事情的难度。具有策术之政的人,适合用于治理危难的事情,治理平常小事就不会显出它的奇妙之处。具备标新立异之政的人,适合用于治理奢侈之风,让他们治理社会风俗弊端就会危害社会。具备谐和之政的人,适合治理新出现的局面,用来治理旧有的政局,就会造成虚假。具备公正严苛之政的人,适合用于纠正歪风邪气,用来治理边境地区就会失去民心。崇尚威猛之政的人,适合讨伐乱贼,让他们治理善良的民众就会对百姓残暴不仁。崇尚伎俩之政的人,适合治理民富国强的局面,让他们治理贫困的地区就会让百姓更加疲倦困苦。所以应当根据人的才能授予官职,对此不能不慎重行事。

具有上述才能的人,都是偏才。所以有的人能说不能做,有的人能做不能说。至于德才兼备的国家栋梁之材，能言能行，所以是众多人才中的杰出人物。

人君之能异于此。故臣以自任为能，君以用人为能。臣以能言为能，君以能听为能。臣以能行为能，君以能赏罚为能。所能不同，故能君众材也。

〔译文〕

君主的能力与上述所说不同。所以臣子以自觉承担责任为己任，君主以善用人才为其能力。臣子以能进谏君主为能力，君主以能听取臣子意见为能力。臣子以做实事为能力，君主以赏罚分明为能力。君主和臣子的优长有所不同，所以君主可以统辖、驾驭众多的人才。

利害第六

〔题解〕

本篇探讨的是各种人才在功业的流变过程中会演变成不同的流派,各有其长处和短处。主要说到六种人才,即清节家、法家、术家、智意家、臧否家和伎俩家。清节家的事业没有弊端且功名赫赫;法家的事业有弊端而不常被使用;术家的事业神奇却很少被重用;智意家的事业善于谋划却难以持续下去;臧否家的事业严苛而不宽容;伎俩家的事业琐细而不宏大。所以根据这六种人才在任用前后的不同表现以及优缺点,统治者应给他们安排合适的职位,使他们在各自的岗位上大放光彩。

盖人业之流,各有利害。

夫节清之业[1],著于仪容,发于德行。未用而章,其道顺而有化,故其未达也,为众人之所进[2];既达也,为上下之所敬。其功足以激浊扬清[3],师范僚友[4]。其为业也,无弊而常显,故为世之所贵。

〔注释〕

①节清:当作“清节”。

②进:推重,褒扬。

③激浊扬清:本指冲去污水,浮起清水,后用以比喻惩恶扬善。

④范:模范,典范。僚:同僚。郑玄注:“僚友,官同者。”

〔译文〕

各种人才在发展过程中演变成不同的流派,各有长处和短处。

清节家的事业,表现在仪容外表上,而这些举止都源于其道德品行。这些道德品行,在没有被重用时就显现出来了,他们的治世之道顺应民心,能够教化民众,所以他们还没有显达时,就被众人推崇;显达后,更被上下所敬重。他们的作用足以惩恶扬善,成为同僚学习的楷模。他们的功业没有弊端并且功名赫赫,所以为世人所尊崇。

法家之业,本于制度,待乎成功而效。其道前苦而后治①,严而为众,故其未达也,为众人之所忌;已试也,为上下之所惮。其功足以立法成治,其弊也为群枉之所仇②。其为业也,有敝而不常用,故功大而不终③。

〔注释〕

①治:安定。

②群枉：奸邪之人。

③功大而不终：功绩卓越，却没有得到善终。

〔译文〕

法家的功业，以建立国家法令制度为其根本，等到成功以后才能显现功效。法家的治世之道开始很严苛，最终达到安定家国的局面，严苛是为了震慑众人，所以在他们没有显达时，被众人所忌恨；被任用之后，被上下之人所忌惮。法家的作用足以制定威严的法令，使社会安定。他们的弊端是会被奸邪之人所仇视。他们进行的事业，有时被搁置而不常被使用，因此法家往往虽然功绩卓越，却不能得到善终。

术家之业，出于聪思，待于谋得而章。其道先微而后著，精而且玄。其未达也，为众人之所不识。其用也，为明主之所珍。其功足以运筹通变。其退也，藏于隐微。其为业也，奇而希用，故或沉微而不章。

〔译文〕

术数家的事业，以他们的聪明敏锐、思虑深远为根本，等到计谋成功之后作用才能显达。他们的思想体系由一个从隐微到显达的过程，精妙而且玄远。他们还未显达时，往往不为民众所知。发挥作用时，被明君所珍爱。其作用是足以运筹帷幄，通晓变化，成就事业。功成身退后，其计谋和谋略便深藏不露。他们所从事的事业，因神奇而很少被重用，因此有时被埋没而不为世人所知。

智意之业，本于原度①，其道顺而不忤。故其未达也，为众人之所容矣。已达也，为宠爱之所嘉。其功足以赞明计虑②。其敝也，知进而不退，或离正以自全。其为业也，谞而难持③，故或先利而后害。

〔注释〕

①原度：追溯源头，推测变化。

②赞明：佐助彰明。

③谞（xū）：才智，谋划。

〔译文〕

智意家的功业，以追溯事物的本源、推测变化为根本，他们的治世之道顺应民众，不违背世俗。所以他们还未显达时，就已经为民众所接受。当他们显达之后，就能受到君主宠爱而被嘉许赞扬。他们的作用是足以帮助贤明的君王出谋划策。其弊端是只知前进而不知后退，或为了保全自己而远离正义。他们所从事的事业是善于谋划，却难以持续下去，因此往往先获得好处，最后却招致祸患。

臧否之业，本乎是非，其道廉而且砭。故其未达也，为众人之所识。已达也，为众人之所称。其功足以变察是非，其敝也，为诋诃之所怨[①]。其为业也，峭而不裕[②]，故或先得而后离众。

〔注释〕

①诋诃（hē）：诋毁，指责。

②峭：严峻，苛刻。裕：宽大，宽容。

〔译文〕

臧否家的功业，源于是非曲直的判断，他们自身清廉且针砭时弊。所以未显达的时候，就为民众所知晓。当他们显达之后，就为民众所称赞。他们的作用足以明辨是非，他们的不利之处是容易被诋毁之人怨恨。他们的事业严苛而不能宽容，所以开始时能得到大家的拥护，最终会为大家敬而远之。

伎俩之业，本于事能[①]，其道辨而且速。其未达也，为众人之所异。已达也，为官司之所任[②]。其功足以理烦纠邪。其敝也，民劳而下困。其为业也，细而不泰[③]，故为治之末也。

〔注释〕

①事能：在处理事情时得心应手。

②官司：普通官吏，百官。《左传・定公四年》："官司彝器。"杜预注：

“官司,百官也。”

③泰:大。

〔译文〕

伎俩家的功业,以从事技能性的工作为根本,他们主张通过技巧不但把事情办成,而且能迅速解决问题。当他们没有显达时,就被民众看作技能突出的人。显达之后,能得到百官的信任。他们的作用足以处理烦琐之事、纠正邪僻。其弊端是易使民众疲惫而困顿。他们所从事的事业,琐细而不宏大,所以是治国之才的细枝末节。

接识第七

〔题解〕

接识，即交接、认识。本篇旨在阐明如何在与人相处的过程中识别人才，以及偏才之人在与人交谈的过程中可能出现的偏颇。首先论述偏才之人“能识同体之善，而或失异量之美”，列举清节、法制、术谋、器能、智意、伎俩、臧否、言语八类偏才之人来说明这一观点；其次阐述如何辨别兼才和偏才；最后重点陈说偏才之人在与人交谈过程中容易犯的种种过失。因此，要广泛识别各类人才，一是要既能“识同体之善”，也不失“异量之美”；二是要经过长时间的观察；三是要尽可能避免偏才之人易出现的偏颇。

夫人初甚难知，而士无众寡，皆自以为知人。故以己观人，则以为可知也。观人之察人，则以为不识也。夫何哉？是故能识同体之善[①]，而或失异量之美[②]。何以论其然？

夫清节之人，以正直为度，故其历众材也[③]，能识性行之常,而或疑法术之诡。法制之人,以分数为度[4],故能识较方直之量,而不贵变化之术。术谋之人,以思谟为度[5],故能成策略之奇,而不识遵法之良。器能之人,以辨护为度[6],故能识方略之规,而不知制度之原。智意之人,以原意为度,故能识韬谞之权[7],而不贵法教之常。伎俩之人,以邀功为度,故能识进趣之功[8],而不通道德之化。臧否之人,以伺察为度,故能识诃砭之明[9],而不畅倜傥之异。言语之人,以辨析为度,故能识捷给之惠[10],而不知含章之美[11]。

〔注释〕

①同体:谓同类之人。

②异量:与"同体"相反。

③历:审视,察看。

④分数:法度,规范。

⑤思谟:谋议。

⑥辨护:办理监督。

⑦韬谞:掩藏才谋。

⑧进趣:求取,追求。

⑨诃:见《利害》篇。砭:针砭。

⑩捷给:应对敏捷。

⑪含章:包含美质。

〔译文〕

人刚开始接触很难了解认识对方,而读书人不管自己的才识有多少，都以为自己有知人之明。所以根据自己的性情来观察他人，就认为能够辨识人才。看到别人对人才的观察，就认为其不能识别人才。为什么呢？这是因为人们能够辨识与自己相同人才的优点，而看不到与自己不同人才的长处。为什么这样说呢？

清节之人把清正方直作为衡量他人的标准，所以审察众多人才时，能够识别性情行为恒常不变的人，而怀疑法术家的诡异欺诈。法制之人把法规作为衡量他人的标准，所以能辨别性情端庄正直的人，而不能识别那些随机应变的人。术谋之人把深思熟虑、谋划计略作为衡量他人的标准，所以能识别有奇谋策略的人，而不能识别遵纪守法的人。器能之人以用智谋权术、治理政事作为衡量他人的标准，所以能识别足智多谋之人，而不知道制度原则的根本作用。智意之人把探究符合别人的本意作为衡量他人的标准，所以能识别韬光养晦的人，而难以推崇法制教化。伎俩之人把获取功劳作为衡量他人的标准，所以能认识追求进取的作用，而不知道道德的教化作用。臧否之人把明辨是非作为衡量他人的标准，所以能认识针砭时事的好处，却不以卓异突出、不同寻常为优点。言语之人把辨别分析作为衡量他人的标准，所以能识别应对敏捷的聪慧表现，而难以识别内在美质的好处。

是以互相非驳，莫肯相是[1]。取同体也，则接诒而相得[2]。取异体也，虽历久而不知。凡此之类，皆谓一流之材也。若二至已上，亦随其所兼，以及异数。

故一流之人，能识一流之善。二流之人，能识二流之美。尽有诸流，则亦能兼达众材。故兼材之人，与国体同[3]。

欲观其一隅[4]，则终朝足以识之[5]。将究其详，则三日而后足。何谓三日而后足？夫国体之人，兼有三材，故谈不三日，不足以尽之。一以论道德，二以论法制，三以论策术，然后乃能竭其所长，而举之不疑。

〔注释〕

①相是：互以对方为是。

②接诒(hé)：一作“接论”。接谈，交谈。相得：彼此投合。

③国体：大臣辅佐国君，就像人有股肱，故称之为国体。

④一隅：指一个角落，也泛指事物的一个方面。

⑤终朝：整天。

〔译文〕

因此相互非难，反驳对方，不肯相信对方。遇到与自己性情相同的人，交谈就会情义相通。遇到和自己性情不同的人，尽管相处得很久也会互不相知。但凡此类人，都可以称作只与同一类人才相通。如果具备两种或两种以上的才能，也会随着他们兼具的才能，来达到不同的等级。

所以具备一种才能的人，能识别具备相同才能之人的优点。

具备两种才能的人，能识别具备这两种才能之人的优点。具备多种才能的人，则能识别不同才能之人。所以具备各种才能的人，和能够辅佐国君的人相同。

想要观察人的某一个方面，只需要一个早晨就够了。如果要观察得更加详细，那么必须三天以上才能完成。为什么说三天以后才完成呢？因为国体之人同时兼有三种才能，所以和他们交谈不够三天，就不能全面了解他们。第一天讨论道德，第二天讨论法制，第三天讨论谋略，然后才能彻底了解他们的才能，毫无疑虑地提拔任用他们。

然则，何以知其兼偏，而与之言乎？

其为人也，务以流数，杼人之所长[①]，而为之名目[②]，如是兼也。如陈以美，欲人称之，不欲知人之所有，如是者偏也。

不欲知人，则言无不疑。是故以深说浅，益深益异。异则相返，反则相非[③]。

是故多陈处直，则以为见美[④]。静听不言，则以为虚空。抗为高谈，则为不逊。逊让不尽，则以为浅陋[⑤]。言称一善，则以为不博[⑥]。历发众奇，则以为多端。先意而言，则以为分美。因失难之，则以为不喻。说以对反，则以为较己。博以异杂，则以为无要。论以同体，然后乃悦。于是乎有亲爱之情、称举之誉，此偏材之常失。

〔注释〕

①杼：通"抒"，抒发，叙述。

②名目：称道，标榜。

③反：抵制，抵触，抗拒。

④见：通"现"，显露。

⑤浅陋：谓见闻狭隘、见识贫乏。

⑥不博：比不上。此句刘昞注："未敢多陈，疑其陋狭。"意思是不多说话，他人误以为见识浅薄。

〔译文〕

然而怎样才能知道对方是兼才还是偏才，从而与之交谈呢？

如果他的为人，尽力根据每个人的才能述说其优点，并且为其标榜称赞，这就是兼才。如果在交谈中只陈述自己的优点，想要别人称赞他，不想知道别人的优点，这就是偏才。

不想了解别人的优点，就会对别人说的话处处怀疑。所以用深奥的道理来说服思想浅薄的人，道理越深奥分歧就越大。有分歧就会从心里抵触，心理抵触就会互相非难。

因此，如果过多陈述自己处理事情公正，就会被认为是在炫耀自己的才能。如果一直静静地倾听对方诉说，他就会认为你内心空虚没有才华。如果你侃侃而谈，对方就会以为你不懂得谦逊。如果你谦虚礼让，对方就会以为你孤陋寡闻。如果你只称赞一个方面，他就会以为你不够广博。如果你旁征博引，就会认为你变化多端。如果提前说出见解，就会认为你抢了他的功劳。如果指出他的缺点而责难他，他就会认为你不理解他。提出不同的观点，他就会认为你在和他比较能力大小。你博采众长，他就会认为你说话没有重点。只有在与自己志趣相投的人交谈时，他才能高兴愉悦。于是就产生了亲近关爱之情、称赞提拔之举。这些都是偏才之人常犯的毛病。

英雄第八

〔**题解**〕

本篇主要论述英雄人物的才质。聪明是英才的素质,但是没有雄才的胆识,其主张则不能推行。胆识是雄才的素质,但是没有英才的智慧,事情就办不成。人所具有的禀赋和素质不同,以主导的禀赋和素质命名,所以有了英才、雄才之分。但是这样的人都是偏才,只能担任人臣。所以英才可以担任丞相,雄才可以担任将帅。故"英"与"雄"是相辅相成的关系,只有兼具"英"与"雄"的人才,方能成就一番大业。

夫草之精秀者为英①,兽之特群者为雄②。故人之文武茂异③,取名于此。是故聪明秀出谓之英,胆力过人谓之雄,此其大体之别名也。

若校其分数④,则牙则须⑤,各以二分,取彼一分,然后乃成。何以论其然?夫聪明者,英之分也,不得雄之胆,则说不行。胆力者,雄之分也,不得英之智,则事不立。是故,英以其聪谋始,以其明见机⑥,待雄之胆行之。雄以其力服众，以其勇排难，待英之智成之。然后乃能各济其所长也[7]。

若聪能谋始，而明不见机，乃可以坐论[8]，而不可以处事。聪能谋始，明能见机，而勇不能行，可以循常，而不可以虑变。若力能过人，而勇不能行，可以为力人，未可以为先登[9]。力能过人，勇能行之，而智不能断事，可以为先登，未足以为将帅。

必聪能谋始，明能见机，胆能决之，然后可以为英，张良是也[10]。气力过人，勇能行之，智足断事，乃可以为雄，韩信是也[11]。体分不同[12]，以多为目，故英雄异名。然皆偏至之材，人臣之任也。故英可以为相，雄可以为将。若一人之身，兼有英、雄，则能长世[13]，高祖[14]、项羽是也。

〔注释〕

①精秀：精华。

②特群：出众超群。

③茂异：才德出众。

④校：考核，考察。分数：比例。

⑤则牙则须：一作“则互相须”。

⑥见机：识机微，辨情势，谓从事物细微变化中预见其发展趋势。

⑦济：发挥作用。

⑧坐论：坐而议论，谓之空谈。

⑨先登：先锋。

⑩张良：见《流业》篇。

⑪韩信：见《流业》篇。

⑫体分：禀赋和素质。

⑬长世：称雄于世。

⑭高祖：即汉高祖刘邦。

〔译文〕

草木中最完美优异的称为英，野兽中最超群的称为雄。所以文武兼备、才德出众的人被称为英雄。因此，聪慧秀丽的人称为英，胆识过人的人称为雄，这大概就是英和雄名称上的区别。

如果考察英与雄的配置比例，二者就像牙齿和胡须一样相互依存，各自以自己的二分，取对方的一分，然后才能成就。为何这样说呢？聪明是英才的素质，但是没有雄才的胆识，其主张则不能推行。胆识是雄才的素质，但是没有英才的智慧，则事情就办不成。因此，英才用他的聪明才智来谋划开始，明察事情的细微变化和发展方向，再辅之以雄才的胆识方能付诸实践。雄才用他的胆识来说服民众，用勇敢来排除万难，还需要辅之以英才的聪明才智方能成功。这样就可以发挥英才和雄才各自的优势。

如果用聪明才智来谋划开始，而其明智不足以观察事情微妙的发展变化，这样的人可以让他坐而论道，而不能让他处理具体的事情。如果能用聪明才智谋划开始，其明智也足以预见事情的发展变化，但是缺乏果敢决断，这样的人只能循规蹈矩，不能随机应变。如果一个人的力量超过常人，但是不能杀伐决断，这样的人可以把他作为大力士，但是不能够用他作先锋。力量超过常人，又勇敢果断，但是没有处理事情的智慧，这样的人可以成为先锋，但是不可以担任将帅。

一定要用聪明才智谋划事情，能预见事情的发展方向，有胆识和能力去决断，这样的人称为英才，张良就是这样的人。有过人的胆识和力量，有勇气去解决问题，智力足够去处理事情，才能称为雄才，韩信就是这样的人。

人所具有的禀赋和素质不同，以主导的禀赋和素质命名，所以才有英才和雄才之分。但是这样的人都是偏才，只能担当人臣之任。所以英才可以担任丞相，雄才可以担任将帅。如果一个人兼有英才和雄才的素质，那么就可以称雄于世，刘邦、项羽就是这样的人。

然英之分以多于雄，而英不可以少也。英分少，则智者去之。故项羽气力盖世[①]，明能合变[②]，而不能听采奇异，有一范增不用[③]，是以陈平之徒皆亡归[④]。高祖英分多，故群雄服之，英材归之，两得其用，故能吞秦破楚，宅有天下[⑤]。

然则英雄多少，能自胜之数也。徒英而不雄，则雄材不服也。徒雄而不英，则智者不归往也。故雄能得雄，不能得英。英能得英，不能得雄。故一人之身，兼有英雄，乃能役英与雄。能役英与雄，故能成大业也。

〔注释〕

①气力盖世：项羽《垓下歌》有“力拔山兮气盖世”句，表示力气很大。

②合变：随机应变。

③范增：秦朝时居鄛（今安徽桐城）人。为人善于谋略，秦末农民起义时归附项梁，后随项羽，充任谋士，被尊为“亚父”。屡劝项羽杀刘邦，项羽不听。后项羽中刘邦反间计，范增受到项羽猜疑，于是愤而离去，途中病死。

④陈平：见《流业》篇。

⑤宅：犹言包笼、囊括。

〔译文〕

然而英才的成分与素质可以多于雄才的成分与素质，但英才的成分与素质是不可以缺少的。如果缺少英才的成分，那么具有聪明才智的人就会离开。所以项羽气力盖世，能够随机应变，但是不能听取别人的意见，有一个谋士范增却不重用，所以像陈平这样的人都逃离项羽而投靠刘邦。刘邦英才的成分多，所以群雄都佩服于他，英才都归顺于他，英才和雄才都得其用，因此能吞并强秦，击破西楚，统一天下。

如此看来，英才和雄才成分与素质的多少是决定能否取得胜利的关键。如果只任用英才，而忽视雄才成分，那么雄才就不会顺服。如果只任用雄才而忽视英才成分，那么智者也不会归顺他。因此雄才之人可以得到雄才,不能得到英才。英才之人可以得到英才,不能得到雄才。所以如果一个人兼备雄才和英才的素质与成分,那就能役使英才和雄才。能役使英才和雄才,那么就能成就大业。

卷下

八观第九

〔题解〕

本篇主要阐述观察人才的八种方法。通过观察一个人的善恶、情感、声誉、质量、行事动机、爱敬对象、欲望、缺点和聪慧，对人才进行多方面的考查。

八观者：一曰观其夺救①，以明间杂②。二曰观其感变③，以审常度。三曰观其志质，以知其名④。四曰观其所由，以辨依似。五曰观其爱敬，以知通塞⑤。六曰观其情机，以辨恕惑⑥。七曰观其所短，以知所长。八曰观其聪明，以知所达。

〔注释〕

①夺救：即“恶情夺正”“善情救恶”。夺，扰乱，强取。救，弥补，补救。

②间杂：错杂，混杂。

③感变：对外部事物变化的反映。

④名：声誉，名声。

⑤通塞：畅通与阻塞。刘昞注："纯爱则物亲而情通，纯敬则理疏而情塞。"

⑥恕惑：宽恕和猜忌。刘昞注："得其所欲则恕，违其所欲则惑。"

〔译文〕

八种观察人的方法：一是观察一个人的恶情夺正或善情救恶的情况，以明晓人性的错综复杂。二是观察他对事物变化的感知应变能力，来审视他平时的处事态度。三是观察他的志向和特质，来了解他的名声。四是观察他性情表现的由来，以识别与之性情相似的表现。五是观察他是否有慈爱恭敬之心，以此知道他是否能与人交流沟通。六是观察他的感情变化，以辨别他对人是宽容还是猜忌。七是观察他的缺点，以此推知他的优点。八是观察他的聪明才智，以此了解他将会成就的功业。

何谓"观其夺救，以明间杂"？夫质有至有违①，若至胜违，则恶情夺正，若然而不然。故仁出于慈，有慈而不仁者；仁必有恤，有仁而不恤者；厉必有刚，有厉而不刚者。若夫见可怜则流涕，将分与则吝啬，是慈而不仁者。睹危急则恻隐，将赴救则畏患，是仁而不恤者。处虚义则色厉，顾利欲则内荏②，是厉而不刚者。

然则慈而不仁者，则吝夺之也。仁而不恤者，则惧夺之也。厉而不刚者，则欲夺之也。故曰慈不能胜吝，无必其能仁也。仁不能胜惧，无必其能恤也。厉不能胜欲,无必其能刚也。是故,不仁之质胜,则伎力为害器。贪悖之性胜[3],则强猛为祸梯。

亦有善情救恶,不至为害。爱惠分笃,虽傲狎不离[4]。助善著明,虽疾恶无害也。救济过厚,虽取人不贪也。是故,观其夺救,而明间杂之情,可得知也。

〔注释〕

①质:质性。此句刘昞注:“刚质无欲,所以为至;贪情或胜,所以为违。”“若至胜违”根据上下文意,应为“若至胜于违”。

②内荏:内心怯懦。

③贪悖(bèi):贪婪悖谬。

④傲狎:态度傲慢而言语不敬。

〔译文〕

什么叫作“观其夺救,以明间杂”?一个人的性情有无欲也有贪欲,如果无欲胜过了有欲,那么邪恶的事情就会变多,但是事实并不是这样的。所以人的仁义源于慈爱之心,但有些有慈爱之心的人却没有仁义;有仁心的人一定会体恤他人,但也有有仁心的人不会体恤他人;严厉的人一定会刚强,但有的严厉之人却不刚强。如果看见一个人可怜就为他流眼泪,想将自己的东西分给他,但又吝啬不想给,这就是有慈善之心,却不仁爱。看见一个人处在危险中,就会产生恻隐之心,想要去帮助他但又害怕困难,这就是有仁义之心却无施救之行。处在虚而不实的道义中则表情严厉,看到关乎自己的利益,就会显出内心的怯懦,这样的人严厉但不刚直。

这就是说有慈善之心而不仁爱的人,是吝啬夺其正。仁义而不体恤的人,是胆怯夺其正。严厉而不刚直的人,是欲望夺其正。所以如果慈善不能战胜吝啬,不一定能有仁爱。仁爱不能战胜恐惧,不一定能体恤他人。严厉不能战胜私欲,不一定能表现出刚直。因此,如果人的不仁的本质占据了上风,那么技巧和勇力就会成为害人的利器。如果贪婪悖谬的本性占据了上风,那么强壮的体魄就会成为致祸之梯。

也有善良的人帮助邪恶的人,使其不会危害社会。仁慈友爱情分深厚,对傲慢不敬的人也不会轻易离弃。帮助他人善意显著明达,即使憎恶恶人也不会有大的危害。救助别人过于丰厚,即使取自他人也不算贪心。因此,观察一个人的恶情夺正或善情救恶的情况,就能明晓其人性的错综复杂。

何谓“观其感变,以审常度”?夫人厚貌深情①,将欲求之,必观其辞旨,察其应赞②。夫观其辞旨,犹听音之善丑。察其应赞,犹视智之能否也。故观辞察应,足以互相别识。

然则论显扬正,白也③。不善言应,玄也。经纬玄白④,通也。移易无正,杂也。先识未然,圣也。追思玄事,睿也。见事过人,明也。以明为晦,智也。微忽必识,妙也。美妙不昧,疏也。测之益深,实也。假合炫耀[5]，虚也。自见其美，不足也。不伐其能[6]，有余也。

故曰，凡事不度，必有其故。忧患之色，乏而且荒。疢疢之色[7]，乱而垢杂。喜色愉然以怿[8]，愠色厉然以扬，妒惑之色，冒昧无常[9]。及其动作，盖并言辞。是故其言甚怿，而精色不从者[10]，中有违也。其言有违，而精色可信者，辞不敏也。言未发而怒色先见者，意愤溢也。言将发而怒气送之者，强所不然也。凡此之类，征见于外，不可奄违。虽欲违之，精色不从。

感愕以明[11]，虽变可知。是故观其感变，而常度之情可知。

〔注释〕

①厚貌深情：多指人貌似厚道而内心却难以捉摸。

②应赞：应对。

③白：清楚。刘昞注："辞显唱正，是曰明白。"

④经纬：织物的纵线和横线。比喻条理、秩序。

⑤假合：勉强凑合。此句刘昞注："道听途说，久而无实。犹池水无源，泄而虚竭。"

⑥伐：自夸。

⑦疢疢（chèn）：病害。

⑧怿（yì）：欢喜，高兴。

⑨冒昧：鲁莽轻率。

⑩精色：神色。此句刘昞注："心恨而言强和，色貌终不相成。"意思是

内心和言语不相符。

⑪感愕:感应惊愕。

〔译文〕

什么叫作“观其感变,以审常度”?一个人外貌厚道而把真实情感隐藏得很深,如果想要了解他,就一定要观察他的言辞意图和应答是否得当。观察他的言辞意图,就如听音乐的美丑。观察一个人的应答是否得当,就像审视其智慧之高下。因此观察一个人的言辞和应对,就足以对彼此的能力进行识别。

辩论时滔滔不绝,弘扬正义,是因为清楚明白事情的全貌。不善言辞应对,是因为道理深奥,无法用语言表达出来。掌握事物的秩序,条理清楚,是因为明白通晓。容易改变想法,没有主见,是因为思维混杂。能预测事物发展的方向,是因为圣明。能探究事物的深奥道理,是因为睿智。判断观察事物超过常人,是因为聪明。内心明白,但是不表现出来,是因为智慧。识别事物的微妙变化,是因为玄妙。不隐藏美好的事物,是因为疏朗。检测越深越显出知识渊博,是因为蕴含富实。假意迎合来炫耀自己的才识,是因为虚伪。自己表露出优点,是因为能力不足。不自夸自己的才能,是因为博学多识。

因此,凡是不合常态的举动,一定都有其原因。忧患的面色,是疲倦而困惑的。身体上有病的面色,是紊乱而污浊的。内心欢喜,脸上一定是愉悦高兴的。内心愤怒,脸上一定是狠厉张扬的。脸上嫉妒迷惑,表现一定是轻率鲁莽、反复无常的。这些情绪都表现在他们的行为动作和言辞上。因此一个人的言辞表现得愉悦，但是他的神色却不是这样，那他一定是不开心的。当他的言谈违背真实情感而神色真情流露时，他的言辞往往是迟钝的。还没有说话就已经发怒的人，说明他的愤怒已经难以抑制了。当一个人将要说话而怒气伴随而出时，说明他被迫做不想做的事情。由此看来，感情外露的人，无法遮掩，即使想要遮挡，但还是能从神色上看出。

人感应惊愕的情感外露，虽然有所变化，但还是可以知道其真实的内心。因此观察一个人对事物变化的感知应变能力，就能审视他平时的处事态度。

何谓“观其至质，以知其名”？凡偏材之性，二至以上，则至质相发，而令名生矣。是故骨直气清，则休名生焉①。气清力劲，则烈名生焉②。劲智精理，则能名生焉③。智直强悫，则任名生焉④。集于端质，则令德济焉⑤。加之学，则文理灼焉⑥。是故观其所至之多少，而异名之所生可知也。

〔**注释**〕

①休名：美好的名声。此句刘昞注：“骨气相应，名是以美。”

②烈名：威名。此句刘昞注：“气既清矣，力劲则烈。”

③能名：能干的名声。此句刘昞注：“智既劲矣，精理则能称。”

④悫(què)：恭谨，朴实。此句刘昞注：“直而又美，是以见任。”

⑤令德：美德。此句刘昞注：“质征端和，善德乃成。”

⑥文理：礼仪。此句刘昞注："圭玉有质，莹则成文。"

〔译文〕

什么叫作"观其至质，以知其名"？凡是偏才，都具备两种以上的品质，这些品质相互促进发展，而产生好的名声。因此为人正直，气质清白，就会产生美好的名声。气质清白，能力强劲，就会产生建立功业的名声。筋骨强劲，智慧过人，就会产生贤能的名声。明智正直，强劲诚实，就会产生可以承担重任的美名了。将这些美好的品质集中起来，自然就能产生美好的名声。再加上后天的学习，那么他的礼仪道德修养就会闪闪发光。所以观察一个人的特质有多少，就可以了解不同名声形成的原因了。

何谓"观其所由，以辨依似"？夫纯讦性违[①]，不能公正。依讦似直，以讦讦善。纯宕似流[②]，不能通道。依宕似通，行傲过节[③]。故曰：直者亦讦，讦者亦讦，其讦则同，其所以为讦则异。通者亦宕，宕者亦宕，其宕则同，其所以为宕则异[④]。

然则何以别之？直而能温者，德也。直而好讦者，偏也。讦而不直者，依也。道而能节者，通也。通而时过者，偏也。宕而不节者，依也。偏之与依，志同质违，所谓似是而非也[⑤]。是故轻诺似烈而寡信[⑥]，多易似能而无效[⑦]，进锐似精而去速，诃者似察而事烦，讦施似惠而无成[8],面从似忠而退违[9],此似是而非者也。

亦有似非而是者:大权似奸而有功[10],大智似愚而内明,博爱似虚而实厚,正言似讦而情忠[11]。夫察似明非,御情之反[12],有似理讼[13],其实难别也。非天下之至精,其孰能得其实?故听言信貌,或失其真。诡情御反[14],或失其贤。贤否之察,实在所依。是故观其所依,而似类之质可知也。

〔注释〕

①讦(jié):揭发别人的隐私或攻击别人的短处。

②宕:放荡,不受拘束。

③过节:超过限度,没有节制。

④所以:原因,情由。

⑤似是而非:指事物似真而实假,或似正确而实错误。刘昞注:"事同于非,其功实则是。"

⑥轻诺:轻易许诺。

⑦多易:常把事情看得太容易,多轻易行事。

⑧讦施:诡诈虚伪的施与。

⑨面从:当面顺从。

⑩大权:重大的权柄,支配的力量。

⑪正言:直言,说实话。

⑫御情之反:刘昞注:"取人情反复明之。"

⑬理讼:审理诉讼。

⑭诡:违反。

［译文］

什么叫作“观其所由，以辨依似”？专门指责别人的过错的人性情悖谬，不能公正地对待他人。出于直率秉性揭露他人过错，其实是通过揭露别人的隐私来攻击其善良。纯粹的放荡不羁好像是行得通，其实是不通晓道理的。通常放荡不羁好像通晓道理，其实是行为傲慢没有节制。因此说刚直的人也指责他人的过失，喜欢揭人隐私的人也指责他人的短处，这两种人都是在指责他人的过错，但是他们的出发点不同。通达的人也放荡不羁，放荡的人也放荡不羁，在行为举止放荡这方面是相同的，但是放荡不羁的原因是不同的。

但是怎样辨别他们呢？刚直而温和的人是有德行的人。刚直而喜欢揭露他人过错的是偏激的人。揭露他人的过错而不直率的人是依似之人。通晓大道理并且能够克制自己的是通达之人。通达而不能用大道理时时克制自己的是偏激之人。放荡不羁又不拘礼节的人是依似之人。偏激之人和依似之人，表面相同但是本质却大不一样，这就是似是而非。因此轻易许诺他人看起来很讲义气，但是很少能实现诺言。经常把事情看得太简单好像有能力做到，其实做起来并没有成效。急功近利的人看起来很精干，其实也很容易退缩。喜欢指责别人好像明察秋毫，其实繁杂而没有重点。虚伪地施舍他人就好像是给予恩惠，其实一事无成。当面顺从他人好像很忠诚，其实背地里经常违背，这些都是似是而非的现象。

也有似非而是的人：拥有朝政大权的人表面上看好像是奸诈之人，其实是有功绩的人；看起来大智若愚的人其实内心明了清楚；广施仁爱的人，看起来好像虚无，其实是实在厚道的人；直率相劝的人好像在指责别人，其实情感最为忠诚。审察相似事情，明辨是非，要学会辩证地观察，掌握情理的正反两方面，就像审理案件，其实是很难去辨明的。如果不是天下最精明的人，谁能了解其中的事实呢？所以仅仅根据一个人的语言和外貌来判断是非，可能会失去真实的一面。违背事物的情理，抓住事物的反面，可能会失去贤才。观察一个人是否是贤才，主要看与之类似的性情表现。因此观察一个人性情表现的由来，就能识别与之性情表现类似的特质。

何谓“观其爱敬，以知通塞”？盖人道之极，莫过爱敬。是故《孝经》以爱为至德[①]，以敬为要道。《易》以感为德[②]，以谦为道。《老子》以无为德[③]，以虚为道。《礼》以敬为本[④]。《乐》以爱为主[⑤]。然则人情之质，有爱敬之诚，则与道德同体，动获人心[⑥]，而道无不通也。

然爱不可少于敬，少于敬，则廉节者归之，而众人不与。爱多于敬，则虽廉节者不悦，而爱接者死之[⑦]。何则？敬之为道也，严而相离，其势难久。爱之为道也，情亲意厚，深而感物。是故观其爱敬之诚，而通塞之理，可得而知也。

〔注释〕

①至德：最崇高的德行。

②《易》：儒家经典之一，又称《周易》《易经》。

③无：即"无为"，道家处世态度和哲学思想，指顺应自然、不主动地有所作为。

④《礼》：《仪礼》，儒家经典之一。

⑤《乐》：《乐经》。

⑥动：感触，影响。

⑦爱接者：接受爱的人。

〔译文〕

什么叫作"观其爱敬，以知通塞"？为人之道的根本就在于仁爱礼敬。因此，《孝经》把仁爱当作最高的道德标准，把礼敬作为社会的重要准则。《易经》以气感为德，以谦虚为为人之道。《老子》以无为为德，以虚为道。《仪礼》以礼敬为根本，《乐经》以仁爱为主导。然而人的性情本质，是真诚地爱人和敬人，这样就与道德同为一体，能够感动获得人心，天下的道路就没有不通的了。

然而仁爱不能少于礼敬，如果仁爱少于礼敬，那么清正廉洁的人会归顺他，但大多数人不愿与其为伍。如果仁爱多于礼敬，即使清正廉洁的人不高兴，但接受仁爱的人会为施爱者赴死。为什么会这样？如果礼敬作为处事之道，人们之间就会因严肃拘谨而相互疏远，相处势必不能持久。礼爱作为为人之道，人们之间情深意切，深切而感动万物。因此，观察一个人爱敬的真诚，从他与人沟通是否顺畅就可以知道。

何谓“观其情机[1]，以辨恕惑”？夫人之情有六机：杼其所欲则喜，不杼其所能则怨[2]，以自伐历之则恶，以谦损下之则悦，犯其所乏则婟[3]，以恶犯婟则妒。此人性之六机也。

夫人情莫不欲遂其志，故烈士乐奋力之功[4]，善士乐督政之训[5]，能士乐治乱之事，术士乐计策之谋，辩士乐陵讯之辞[6]，贪者乐货财之积，幸者乐权势之尤。苟赞其志，则莫不欣然，是所谓杼其所欲则喜也。

若不杼其所能，则不获其志，不获其志则戚。是故功力不建则烈士奋，德行不训则正人哀哀[7]，政乱不治则能者叹叹，敌能未弭则术人思思[8]，货财不积则贪者忧忧，权势不尤则幸者悲，是所谓不杼其能则怨也。

人情莫不欲处前，故恶人之自伐。自伐，皆欲胜之类也。是故，自伐其善则莫不恶也，是所谓自伐历之则恶也。

人情皆欲求胜，故悦人之谦。谦所以下之，下有推与之意。是故，人无贤愚，接之以谦，则无不色怿。是所谓以谦下之则悦也。

人情皆欲掩其所短，见其所长。是故人驳其所短，似若物冒之,是所谓驳其所乏则媢也[⑨]。

人情陵上者也,陵犯其所恶,虽见憎未害也。若以长驳短,是所谓以恶犯媢,则妒恶生矣。

凡此六机,其归皆欲处上。是以君子接物,犯而不校[⑩],不校则无不敬下,所以避其害也。小人则不然,既不见机,而欲人之顺已。以佯爱敬为见异[⑪],以偶邀会为轻。苟犯其机,则深以为怨。是故,观其情机,而贤鄙之志,可得而知也。

〔注释〕

①机:迹象,象征。

②杼:见《接识》篇。

③媢(hù):嫉恨。

④烈士:有气节、有抱负的人。

⑤善士:有高尚品质的人。督:监察。

⑥陵:通“凌”,侵犯,欺侮。

⑦哀哀:悲伤不已的样子。

⑧弭:顺服。

⑨乏:削减,减损。

⑩不校:不计较。

⑪佯:假装。见异:看待,优遇。

〔译文〕

什么叫作“观其情机,以辨恕惑”?人的情感或情绪有六种主要的表现:表达了他想表达的就开心,无法发挥才能就会怨恨,炫耀自己的经历会被他人讨厌,以谦逊的态度待人就会让他人高兴,触犯他人所不擅长的地方会被人怨恨,夸人所长、犯人所短就会被人妒恨。这就是人的情感或情绪的六种表现。

人之常情都是要完成自己的志向,所以有抱负的人乐于努力地建功立业,有高尚品质的人乐于监察使政事修明,有才能的人乐于治理社会的动乱,谋略之士喜欢筹谋划策,能言善辩的人喜欢发表具有攻击性的言论,贪财的喜欢囤积钱财,被宠幸的人喜欢依附权势。如果帮助他们实现志向,他们就会很高兴,这就是“杼其所欲则喜”。

假如不发挥他们的才能,就无法完成他们的志向,不能实现理想,就会忧愁不已。因此,功业没有建立,则有志向的人就会奋进拼搏;道德品行不能成为典范,则正人君子就会悲伤不已;政治混乱不能治理,则有才能的人就会感叹不已;敌对的人不能顺服自己,则谋略之士就会忧心忡忡;财物没有积累,则贪财的人就会忧愁;权势之人不犯错误,则被宠幸的人就会因无法弄权而感到悲伤,这就是“不杼其能则怨”。

人之常情都是想要超过他人,所以令人厌恶的人都是自我夸耀。自我夸耀,都是因为想要胜过他人。因此自我夸耀的人,没有人不讨厌他,这就是“自伐历之则恶”。

人之常情都是想要胜过别人,所以都喜欢别人的谦虚。谦虚就会使人低于他人,低于他人就会有谦让的意思。因此,人无论贤才还是愚钝,如果用谦虚的姿态接人待物,那么就没有人表现出不高兴了。这就是“以谦下之则悦”。

人之常情都想掩饰自己的缺点，表现自己的优点。因此揭露他人的缺点，就像冒犯他一样，这就是“驳其所乏则婟”。

人之常情都想超越比自己强的人，因超越别人而洋洋自得，虽被人憎恶，但也未曾被伤害。如果用自己的长处来攻击他人的短处，这就是“以恶犯婟，则妒恶生”。

上面谈到的六种情感，归根到底都是想要超过他人。因此君子接人待物，虽别人冒犯了自己而不计较，不计较就会对待任何人都有礼，所以可以躲避祸患。小人就不是这样，既不能发现对方情绪的变化，又希望别人听从自己的。把别人假装出来的爱戴和尊敬当作是对自己的特殊待遇，把别人偶尔邀请自己看成是轻视自己。如果触犯到他的要害之处，就会深深怨恨。所以，观察一个人的情感变化，就可以知道他是贤明还是卑劣了。

何谓“观其所短，以知所长”？夫偏材之人，皆有所短。故直之失也讦，刚之失也厉，和之失也懦，介之失也拘。

夫直者不讦，无以成其直。既悦其直，不可非其讦。讦也者，直之征也。刚者不厉，无以济其刚。既悦其刚，不可非其厉。厉也者，刚之征也。和者不懦，无以保其和。既悦其和，不可非其懦。懦也者，和之征也。介者不拘，无以守其介。既悦其介，不可非其拘。拘也者，介之征也。

然有短者，未必能长也。有长者必以短为征。是故观其征之所短，而其材之所长可知也。

〔译文〕

什么叫作“观其所短，以知所长”？偏才之人的性情都会有自己的短处。因此刚直之人的缺点是揭露他人的短处，刚烈之人的缺点是待人过于严苛，温和之人的缺点是遇事过于懦弱，耿介之人的缺点是遇事过于拘束。

然而刚直的人不揭露他人的过错，就不成其为刚直的人。既然喜欢他的刚直，就不要指责他揭露他人的缺点。揭露他人的缺点，是刚直的特征。刚直的人如果对待事情不严苛，就不能成为刚直的人。既然喜欢他的刚直，就不要指责他的严厉。严厉是刚直的特征。温和的人如果不懦弱，就无法成为温和的人。既然喜欢他的温和，就不要指责他的懦弱。懦弱是温和的主要特征。耿介的人如果不拘束，就无法成为耿介的人。既然喜欢他的耿介，就不要指责他的拘束。拘束是耿介的主要特征。

然而有短处的人，未必有长处。但是有长处的人，一定是有短处作为外在特征的。因此观察一个人特征的短处，就可以推知他的优点。

何谓“观其聪明，以知所达”？夫仁者德之基也，义者德之节也，礼者德之文也，信者德之固也，智者德之帅也。

夫智出于明。明之于人,犹昼之待白日,夜之待烛火。其明益盛者,所见及远。及远之明难。

是故守业勤学[①],未必及材。材艺精巧,未必及理。理义辩给,未必及智。智能经事[②],未必及道。道思玄远,然后乃周。是谓学不及材,材不及理,理不及智,智不及道。道也者,回覆变通。

是故别而论之,各自独行,则仁为胜。合而俱用,则明为将。故以明将仁,则无不怀。以明将义,则无不胜。以明将理,则无不通。然则,苟无聪明,无以能遂。

故好声而实,不克则恢[③],好辩而理不至则烦,好法而思不深则刻,好术而计不足则伪。是故钧材而好学[④],明者为师。比力而争,智者为雄。等德而齐,达者称圣,圣之为称,明智之极明也。是以观其聪明,而所达之材可知也。

〔注释〕

①守业:尽力于自己的职守和职分,不旁骛。

②经事:治理世务。

③好声:悦耳的声音、美好的名声。恢:虚夸不实。

④钧材:同样的资质。

〔译文〕

什么叫作“观其聪明,以知所达”?仁爱是道德的基础,正义是道德的关键所在,礼仪是道德的美丽外表,信用是品德的保证,智慧是品德的统帅。

智慧源于明达事理,一个明达事理的人,就像白天有太阳、夜晚有烛火。当他越明达事理,眼光就会越远。但要达到具有远见之明却是很难的。

因此坚守学业、勤奋苦学的人,未必能成为人才。才艺细致工巧的人,未必能明白更深的事理。能滔滔不绝地辩说理义者,未必是有智慧的人。拥有处理事务能力的人,未必能掌握事物的根本规律。思考问题微妙玄远,然后处理事情才能完备周到。因此勤学苦练不如成才,成才的人不如明辨事理,明辨事理不如拥有智慧,拥有智慧不如掌握根本规律。掌握根本规律,要经过曲折迂回、变化万千。

因此如果分门别类地讨论,从仁义礼智信各自独立运行的角度看,其中仁最为重要。如果将它们联系起来综合考虑的话,明就发挥着主导作用。因此用明来统帅仁爱,那么就无所不包容。用明来统帅正义,那么就无所不胜。用明来统帅事理,那么就无所不通。这就是说如果没有聪明才智,就找不到通向成功的道路。

所以说喜好名声而又名副其实却难以实现,那就是不符合客观实际。喜欢辩论却难以以理服人,一定是话语烦冗而不能切中正理。喜欢遵纪守法,却思想肤浅,那么接人待物一定苛刻。喜欢谋略却又难以做到出奇制胜,那么必然沦为诡诬欺诈。所以有同样资质并且好学的人,聪明的人会成为老师。力量相当并且喜欢争辩的人，智慧的人会胜出。德行相同的人，通达事理的人会成为圣人，被称为圣人的人，一定是聪明才智达到极致的人。因此观察一个人的聪明才智，便可以了解他将会成就的功业。

七缪第十

〔题解〕

七缪，即七种错误。此篇论述了在观察人才过程中因为人的性情不同会出现的七种错误。

七缪：一曰察誉有偏颇之缪①，二曰接物有爱恶之惑②，三曰度心有大小之误③，四曰品质有早晚之疑④，五曰变类有同体之嫌⑤，六曰论材有申压之诡⑥，七曰观奇有二尤之失⑦。

〔注释〕

①七缪：七种错误。缪，通“谬”。察誉：考察名誉威望。

②接物：与人交往。此句刘昞注：“或情同忘其恶，或意异违其善也。”意思是因为自己与他人观念不同而产生偏见。

③度心：判断志向。此句刘昞注：“或小知而大无成，或小暗而大无明。”意思是在判断志向有大小的情况时而产生的错误。

④品质：品评质性。此句刘昞注：“有早智而速成者，有晚智而晚成

者。”意思是开智的早晚会影响判断。

⑤变类：分辨类别。此句刘昞注：“材同势均则相竞，材同势倾则相敬。”意思是同一种类型的人才之间一种微妙的相互竞争与敬重的关系。

⑥申压：提拔与压制。此句刘昞注：“藉富贵，则惠施而名申；处贫贱，则乞求而名压。”

⑦二尤：指下文的尤妙和尤虚两种人。

〔译文〕

在考察人物时会出现七种错误：一是考察人的声誉时会出现偏颇的错误；二是待人接物时会受个人好恶的迷惑；三是辨别人才时，在志向远大的大和谨小慎微的小之间判断失误；四是考察人的素质时会有不知道其智慧开发早晚的疑惑；五是分辨人才类别时在同一种人才之间的微妙关系上有疑惑；六是评论人才时会有名声长消的相反运动；七是观察奇才时，有认识人才尤妙与尤虚的失误。

夫采访之要①，不在多少。然征质不明者②，信耳而不敢信目。故人以为是，则心随而明之。人以为非，则意转而化之③。虽无所嫌，意若不疑④。且人察物，亦自有误。爱憎兼之，其情万原⑤。不畅其本，胡可必信⑥。是故知人者，以目正耳。不知人者，以耳败目。故州闾之士，皆誉皆毁，未可为正也⑦。交游之人⑧，誉不三周，未必信是也。

夫实厚之士[9],交游之间,必每所在肩称[10]。上等援之,下等推之,苟不能周,必有咎毁[11]。故偏上失下,则其终有毁。偏下失上,则其进不杰。故诚能三周[12],则为国所利,此正直之交也。

故皆合而是,亦有违比。皆合而非,或在其中。若有奇异之材,则非众所见。而耳所听采,以多为信,是缪于察誉者也。

〔注释〕

①采访:搜求寻访,探问寻访。此句刘昞注:"事无巨细,要在得正。"。

②征质:外在表征与内在品质。

③意转而化之:改变自己的想法而转化为他人的想法。

④"虽无所嫌"二句:虽然没有什么嫌恶,心里好像也没有什么疑惑。此句刘昞注:"信人毁誉,心虽无嫌,意固疑矣。"

⑤万原:万源,万端。

⑥胡:为什么,怎么。

⑦州闾:泛指乡里。"皆誉皆毁"二句:出自《论语·卫灵公》:"子曰:'众恶之,必察焉;众好之,必察焉。'"

⑧交游:结交友人。

⑨实厚:老实忠厚。

⑩肩称:受到称赞。

⑪咎毁:指责诋毁

⑫三周:古代亲迎之礼。新郎亲御妇车,车轮行三周匝,再交由御人驾御。这里指上中下三个阶层的人。三,泛指多,即多方面的人物。

〔译文〕

寻找人才的关键不在于听到的赞美和诋毁的多少。然而不清楚人的外在表现和内在特质，就会相信自己的耳朵而不敢相信自己所看见的。所以有人称赞某人的时候，他就认为这个人是人才。有人贬损某人时，他就会转变自己的想法，认为这个人不是人才。相信别人毁誉的人，虽然从心里并没有什么嫌恶，但他听到别人的毁誉后怎么能没有疑惑呢？况且人在观察事物的时候总是会有失误的，加上外界爱恨的影响，事情就会变化万端了。这种观察从根本上发生了问题，怎么能够可信呢？因此要了解人才就必须用他所看到的去纠正所听到的。不了解人才就会被听到的情况所干扰。乡里的乡闾之人对于一个人的评价要么全是赞扬，要么全是贬损，那么这种评价未必是正确的。所交际的人，如果不是多次让他做成事情，就无法对其完全信任。

忠厚老实的人，与人相处时，无论在任何情况下，都会被人称赞。上层的人提拔他，下层的人举荐他。如果他难以办成事情，那么上下之人一定大失所望。所以如果偏重上层的意见而忽视下层的意见，那么他最终会被诽谤。如果重视下层的意见而忽视上层的意见，那么就不会有杰出的地位。所以如果真的能多次完成使命，那么这样的人就一定是国家之福，这就是正直的、值得交往的人。

所以大家对一个人异口同声地给予肯定的评价，就有违背正直、逢迎结党的嫌疑。全都异口同声地否定一个人，那他反倒有可能是特立独行的人。如果是奇才，那就不是一般人所能发现的。然而对于传闻，听到的越多就越信，这就是考察人才声誉时所犯的错误。

夫爱善疾恶，人情所常。苟不明质，或疏善善非。何以论之？夫善非者，虽非犹有所是。以其所是，顺己所长，则不自觉情通意亲，忽忘其恶。善人虽善，犹有所乏。以其所乏，不明己长。以其所长，轻己所短，则不自知志乖气违，忽忘其善。是惑于爱恶者也。

〔**译文**〕

喜欢善意，厌恶丑陋，这是人之常情。如果不明白人的本质，可能会疏远善意、把错误的当成是正确的。为什么这么说呢？把错误的当成正确的，虽然有很多不对的，但还是有正确的地方。把这些对的地方，与自己的长处相结合，那么就会自然而然地心意相通，忘记其丑恶的地方。好人即使很好，但还是有缺点的。因为他的缺点，而忽视了自己的优点。因为他的优点，而忽视自己的缺点，就会不自觉地与他意趣相悖，而忘记了他的优点。这就是在挑选人才时被自己的好恶习惯所迷惑的情况。

夫精欲深微，质欲懿重①，志欲弘大，心欲嗛小②。精微所以入神妙也，懿重所以崇德宇也③，志大所以戡物任也④，心小所以慎咎悔也⑤。故《诗》咏文王⑥，“小心翼翼”⑦,“不大声以色”⑧,小心也。“王赫斯怒”⑨,“以对于天下”,志大也。由此论之,心小志大者,圣贤之伦也⑩;心大志大者,豪杰之隽也⑪;心大志小者,傲荡之类也⑫;心小志小者,拘懦之人也⑬。众人之察,或陋其心小,或壮其志大,是误于小大者也。

〔注释〕

①深微:深奥精微。懿重:美好庄重。

②嗛小:谦虚谨慎。

③崇:增长,《左传·成公十八年》:“今将崇诸侯之奸。”德宇:气度,器量。

④戡:用武力平定叛乱,平定,征服。这里同“堪”,能够承担,可以担任。物任:选用,擢用。

⑤咎悔:悔过,追悔自责。

⑥文王:即周文王姬昌。他招贤纳士,归附的有东海吕尚,楚人鬻熊,孤竹国人伯夷、叔齐,殷臣辛甲等。在位五十年。

⑦小心翼翼:小心谨慎的样子。《诗经·大雅·大明》:“维此文王,小心翼翼。”

⑧大声以色:疾言厉色。《诗经·大雅·皇矣》:“帝谓文王,予怀明德,不大声以色,不长夏以革。”

⑨王赫斯怒:天子勃然震怒。《诗经·大雅·皇矣》:“王赫斯怒,爰整其旅,以按徂旅,以笃于周祜,以对于天下。”

⑩伦:辈,类。

⑪隽:通“俊”,才智出众的人。

⑫傲荡：性格倔强，行为放荡。

⑬拘懦：拘谨软弱。

〔译文〕

精神要深奥微妙，气质要美好庄重，志向要宏远广大，胸怀要谦虚谨慎。精神深奥微妙所以才能进入神妙的境界，气质美好庄重是更加崇高、增长气度的手段，志向远大是承担重任的必要条件，胸怀谦虚谨慎是勉励自己反省错误（防止自己犯下错误）的良方。所以《诗经》里歌咏文王，说他小心翼翼，不严厉地苛责别人，这是说他谦虚谨慎。说他大发雷霆，除暴安良，保证天下百姓平安，这是说他志向远大。由此看来，胸怀谦虚谨慎、志向远大的人，属于圣贤之类。性格豪放不羁、志向远大的人，属于豪杰中的俊秀。性格豪放不羁、目光短浅的人，属于傲慢放荡之类。胸怀谦虚谨慎、目光短浅的人，是拘谨懦弱之人。而众人观察人才，有的人批评他胸怀谦虚谨慎，有的人夸奖他志向远大，这都是对胸怀大小的判断错误造成的。

夫人材不同，成有早晚。有早智而速成者，有晚智而晚成者，有少无智而终无所成者，有少有令材遂为隽器者①。四者之理，不可不察。

夫幼智之人，材智精达，然其在童髦②，皆有端绪③，故文本辞繁，辩始给口④，仁出慈恤⑤，施发过与⑥，慎生畏惧，廉起不取。早智者浅惠而见速，晚成者奇识而舒迟，终暗者并困于不足[7]，遂务者周达而有余[8]。而众人之察，不虑其变，是疑于早晚者也。

〔注释〕

①令材：出众的才华。隽器：杰出的人才。

②童髦：指儿童时期。此句刘昞注："仲尼戏陈俎豆，邓艾指图军旅。"意思是孔子小时候就热衷于礼仪，邓艾小时候路过山川大河时就看出哪里合适驻扎军营。

③端绪：头绪。

④给口：口才敏捷。

⑤慈恤：仁慈助人。

⑥过与：过多的赏赐。

⑦终暗：终生愚昧无知。暗，愚昧。《荀子·天论》："上暗而政险，则是虽无一至者，无益也。"

⑧遂务：事业顺遂。

〔译文〕

人格不相同，成才的时间有早有晚。有的人才是早慧而很快成才，有的人才智力发展成熟很晚而大器晚成，有的人从小就没有慧根而最终无法成为人才，有的从小就有出众的才华而最终成为人才。这四种情况，一定要注意。

小时候就有慧根的人，有着非凡的智力，虽然还是孩童，但是已经有了苗头，所以一开始言辞丰富，以后他的文章就会文采斐然。一开始就会辩论，以后就会口才敏捷，小时候口才机敏，长大了辩论就会横肆。一开始就有仁慈怜悯之心，以后必然有仁爱之心，一开始就给予别人大量的东西，以后必然会乐善好施，一开始就畏惧害怕，以后必然会谨慎小心，一开始就懂得知足，以后必然会成为廉洁的人。早慧的人看见一点小事，就能迅速从神态中表现出来。大器晚成的人见识奇妙、见解奇异，但反应舒缓。终生愚昧无知的人在很多事务上都会受困于智力的不足，事业顺遂的人诸事都遂顺周到、应付自如。而一般人在观察人才时，往往不考虑人在成长过程中的这些变化，这就是在人才智力早熟和晚熟方面的困惑。

夫人情莫不趣名利[①]，避损害。名利之路，在于是得。损害之源，在于非失。故人无贤愚，皆欲使是得在己。能明己是，莫过同体。是以偏材之人，交游进趋之类[②]，皆亲爱同体而誉之，憎恶对反而毁之[③]，序异杂而不尚也。推而论之，无他故焉。夫誉同体、毁对反，所以证彼非而著己是也。至于异杂之人，于彼无益，于己无害，则序而不尚。

是故同体之人，常患于过誉。及其名敌[④]，则尠能相下[⑤]。是故直者性奋，好人行直于人，而不能受人之讦。尽者情露，好人行尽于人，而不能纳人之径。务名者乐人之进趋过人，而不能出陵己之后[⑥]。是故性同而材倾，则相援而相赖也。性同而势均，则相竞而相害也。

此又同体之变也。故或助直而毁直，或与明而毁明[7]，而众人之察，不辨其律理，是嫌于体同也[8]。

〔注释〕

①趣：趋赶。

②交游进趋：结交友人，进取向上。

③对反：对立相反。

④名敌：名声可相匹敌。

⑤尠：同“鲜”，少。相下：互相谦让。

⑥出：处在。陵：超越，逾越。

⑦与：赞助，赞许。

⑧嫌：疑惑，困惑。

〔译文〕

人之常情都是趋利避害的。想要获得名利，主要在于判断正确并有所得。而受到损害的原因是做错事而有所失。所以不管是圣贤的人还是愚笨的人，都想使自己做得对而且有所得。最能明白自己的优长的，莫过于自己同类的人。因此偏才，乐于结交的友人，全都是与自己关系密切的同类而称赞彼此，厌恶与自己不同的人并且贬低这类人，忽视与自己既不相同也不相反对立的人。由此看来，没有其他的原因。称赞同类的人，诋毁与自己相对立的人，这是要证明对方不对而自己是对的。至于其他不相关的人，对对方没有好处，对自己也没有害处，所以并不放在眼里。

因此同类之人,常常有过于称赞彼此的问题。至于名望不相上下的人,则很少能够相互谦让。所以耿直的人性格激烈,喜欢耿直的人,对人也耿直。但不喜欢别人揭露自己的短处。坦率的人,性情外露,喜欢坦率的人,对别人也坦率,但不能接受别人对自己过于坦率。孜孜以求于功名的人,喜欢进取、超过他人,但不能容忍别人超过自己。所以性情相同而能力差距大的人,就会相互提携、相互依赖。性情相同而能力相当的人,就会相互竞争、相互残害。这又是同类人之间关系的变化。所以有的人帮助正直而又诋毁正直,有的人称赞明朗通达而又诋毁明朗通达。而一般人审察人才时,不去弄清楚其中的规律和道理,这是分辨同类人才方面的疑惑。

夫人所处异势[①],势有申压。富贵遂达,势之申也。贫贱穷匮,势之压也。上材之人,能行人所不能行,是故达有劳谦之称,穷有著明之节。中材之人,则随世损益,是故藉富贵则货财充于内,施惠周于外。见赡者求可称而誉之,见援者阐小美而大之,虽无异材,犹行成而名立[②]。处贫贱则欲施而无财,欲援而无势,亲戚不能恤,朋友不见济,分义不复立[③],恩爱浸以离[④],怨望者并至[⑤],归非者日多[⑥]。虽无罪尤,犹无故而废也。

故世有侈俭,名由进退。天下皆富,则清贫者虽苦,必无委顿之忧[⑦],且有辞施之高,以获荣名之利[⑧]。皆贫，则求假无所告[9]，而有穷乏之患，且生鄙吝之讼。是故钧材而进有与之者[10]，则体益而茂遂[11]。私理卑抑[12]，有累之者[13]，则微降而稍退。而众人之观，不理其本，各指其所在，是疑于申压者也。

〔注释〕

①异势：形势或态势不同。此句刘昞用苏秦贫困时家人不待见和发达后兄嫂前倨后恭的事例做了注解。

②行成：德行养成，美行修成。

③分义：情分，情义。

④浸：逐渐。

⑤怨望：怨恨，心怀不满。

⑥归：合并，或集中于一类。

⑦委顿：困顿，颓丧。

⑧荣名：美名。

⑨求假：请求借贷，即向别人借钱。

⑩钧材：同样的资质。

⑪茂遂：繁荣滋长。

⑫私理：私自设立的理法、规矩。《管子·法禁》：君之置其仪也不一，则下之倍法而立私理者必多矣。卑抑：谦恭忍让。

⑬累：拖累，牵累。

〔译文〕

人所处的情势不同，情势有好有坏。荣华富贵，取得功名，这是好的情势。穷困潦倒,郁郁不得志,这是不好的情势。上等才能的人,能做别人所不能做的事情,所以他们事业通达时,有勤劳能干和谦虚谨慎的美称,穷困落魄时有深明大义、光明磊落的情操。中等才能的人,随着时代的变化而变化,所以他们凭借荣华富贵的地位在家内累积财产,对外施以援手,被救济的人会因此找寻可称赞之处去赞扬他,被他帮助的人尽力夸大这种美德,所以他们虽然没有特殊的才能,却已经养成美好的德行而扬名立身了。身处贫困境地的人,想要施舍他人却没有钱财,想要提拔他人却没有权势,亲戚不能被体恤,朋友不能得到救济,情分不复存在,感情越来越淡,心怀不满的人聚集在一起,非议他的人日益增多。虽然没有过错,但还是无缘无故地被废黜。

所以世间的生活有奢侈和简朴之分,名声的获取决定于进取或退缩。如果国家富强,那么清贫的人虽然生活困苦,但一定没有颓丧困顿之忧,并且有推辞谦让的美名,以此名利双收。如果国家贫困,那么就会无处请求借贷,因而有穷困潦倒之忧,并且还会因为贪图钱财而产生争论。所以同样才能的人,有人提拔他,就会声名显赫。如果受到世俗的限制,加上种种拖累,名声就会逐渐默默无闻。而一般人观察这个问题,不知道这一问题的根本所在,各自看到了他们认为重要的地方,这是不了解伸张和压制的形势所产生的疑惑。

夫清雅之美,著乎形质,察之寡失。失缪之由,恒在二尤。二尤之生,与物异列。故尤妙之人,含精于内,外无饰姿[1]。尤虚之人，硕言瑰姿[2]，内实乖反[3]。

而人之求奇，不可以精微测其玄机，明异希。或以貌少为不足，或以瑰姿为巨伟，或以直露为虚华，或以巧饬为真实。是以早拔多误，不如顺次。夫顺次，常度也。苟不察其实，亦焉往而不失？

故遗贤而贤有济[4]，则恨在不早拔。拔奇而奇有败，则患在不素别[5]。任意而独缪，则悔在不广问。广问而误己，则怨己不自信。是以骥子发足[6]，众士乃误。韩信立功[7]，淮阴乃震。夫岂恶奇而好疑哉？乃尤物不世见，而奇逸美异也。是以张良体弱而精强[8]，为众智之隽也。荆叔色平而神勇[9]，为众勇之杰也。

然则隽杰者，众人之尤也。圣人者，众尤之尤也。其尤弥出者，其道弥远。故一国之隽[10]，于州为辈，未得为第也。一州之第，于天下为椳[11]。天下之椳，世有优劣。是故众人之所贵，各贵其出己之尤，而不贵尤之所尤。是故众人之明，能知辈士之数，而不能知第目之度[12]。辈士之明，能知第目之度，不能识出尤之良也。出尤之人，能知圣人之教，不能究之入室之奥也[13]。由是论之，人物之理妙，不可得而穷已。

〔注释〕

①“尤妙”三句：刘昞注：“譬金水内明而不外朗，故冯唐白首屈于郎

署。”意思是有才而不能重用。

②硕言:虚夸的话。此二句刘昞注:“犹烛火外照,灰烬内暗,故主父偃辞丽,一岁四迁。”意思是容易得到重用继而升官很快。

③乖反:相反,违背。

④遗贤:指弃置未用的贤才。此句刘昞注:“故郑伯谢之于烛之武。”

⑤素别:预先辨别。素,预先。《国语·吴语》:“夫谋,必素见成事焉,而后履之。”韦昭注:“素,犹豫也。”

⑥骥子:良马。桓谭《新论·求辅》:“于边郡求得骏马,恶貌而正走,名骥子。”

⑦韩信(?—前196):秦末汉初淮阴(今属江苏)人。楚汉战争时,他为刘邦出谋划策,被封为齐王。汉朝建立,改封楚王。后有人告他谋反,被降为淮阴侯。数年后,又被人告发谋反,为吕后所杀。

⑧张良(?—前189):字子房,秦末汉初韩地人。刘邦的重要谋士。刘邦入关,他建议刘邦封秦宫室府库,收揽民心。向刘邦推荐韩信,楚汉战争中,出谋划策,都为刘邦采纳。汉朝建立,封留侯。

⑨荆叔(?—前227):即荆轲,战国末卫国人。秦灭卫国,逃亡到燕国,燕人称荆卿、荆叔。受燕太子丹的命令,谋刺秦王政,以秦国逃跑到燕国的将军樊於期首级和内夹匕首之督亢地图出使秦国,欲乘机行刺。向秦王政献图时,秦王嬴政打开地图,图穷而匕首见。行刺未成,被杀。

⑩国:泛指城邑。《国语·周语中》:“国有班事,县有序民。”韦昭注:“国,城邑也。”

⑪椳(wēi):门臼,承托门转轴的臼状物,这里是重要的意思。

⑫第目:品第,品评人物。度:标准,准则。

⑬入室:比喻学问或技艺得到师传、造诣高深。

〔译文〕

清廉高雅的美德,主要表现在外貌和气质上,观察的时候很少有失误的地方。失误的原因,主要在尤虚和尤妙的考察上。二尤的产生,和一般人有很大的差别。所以尤妙的人,精明内敛而外不修饰。尤虚的人,好说大话,姿态瑰伟,实际上与自己的内心不符。

一般人寻求奇才时,不是用在微妙处观察其玄妙的道理来明白奇特罕见之处。有的人把外貌欠佳,当作不足之处,有的人把美丽的姿态当作奇异之处,有的人把正直坦率当作华而不实,有的人把外在修饰当作真实之处。因此与其提拔成熟较早的人而多生失误,不如按照正常次序来选拔。按照正常次序选拔人才,是人才选拔的常规。如果不考察一个人的真实情性,还能到哪里找到不失误的方法呢?

所以那些被忽视的真正有贤才的人却有了成功的表现,就会悔恨未能早些提拔他们。如果选拔了有奇才的人而奇才又不成功,就会有不能预先识别他们本来面目的忧虑。凭主观意志任意妄为就会导致产生独断专行的判断错误,就会有为什么不广泛征求意见的悔恨。征求他人意见却使自己做出了错误的判断,就会悔恨自己没有自信。因此人才奋发图强,成就大业,证明了众人的错误。韩信立功后,家乡的百姓都为之震惊。这怎么能是人们厌恶奇才而喜欢猜疑呢?这样的突出人才不是每代都有的,他们奇特超凡,不同寻常。因此张良虽身体虚弱,但智谋超群，是众多谋士的楷模。荆轲刺杀秦王嬴政时，面不改色，他超乎常人的勇气，是众多勇士的杰出代表。

这些杰出的俊杰之人，是常人中最为突出的人。圣人，又是这些突出的俊杰中最为优秀的人。他们优异的才能越突出，前途就更加任重道远。所以一个国家中的杰出者，对于一个州县来说可以说是一般人才，不见得能进入品第。一个州县中进入品第的人才，是国家人才的中枢部分。国家的中枢人才，在不同的历史阶段有所区别。所以一般人看重的是他人比自己优秀的地方，而不看重突出人才中的杰出者。因此一般人能知道的是同辈中突出人才中的杰出者的数量，但不知道品评人物人才的标准。同辈中突出的人，能知道品评州郡中杰出人物的准则，但不能识别出他们当中更优秀的人才。这些更优秀的人才，能明白圣人的教化，但不能探究到识人学问的高深之处。由此看来，关于人才的道理，其中的奇妙是难以被完全认识与掌握的。

效难第十一

〔题解〕

此篇主要讲述选拔人才时遇到的困难。此篇延续上篇的内容,继续论述了人才不被重用的原因,提出成功选拔人才有两个困难:一是鉴别之难,二是举荐之难。品评人物是一个很复杂的过程,要从多方面去考察,而一般人考察人物都是片面的,“或相其形容,或候其动作,或揆其终始,或揆其儗象,或推其细微,或恐其过误,或循其所言,或稽其行事”,正是因为这些只看重片面而不察整体的方法,导致了“难知之难”。鉴别出人才之后,就会遇到第二个困难“无由得效之难”,即难以举荐。该篇主要从举荐者与良才两个方面来分析:从举荐者来看,要么是人微言轻,要么是不在其位,要么是有所牵累,终不能使人才得到重用;从贤才的角度来看,要么幼年即夭,要么英年早逝,要么是如“阳春白雪”,难遇知音,要么是生不逢时,难以发挥才能。所以说,想要成功地选拔和任用人才,必须要克服这两个困难。

盖知人之效有二难[1]:有难知之难;有知之而无由得效之难[2]。

何谓难知之难?人物精微[3],能神而明,其道甚难,固难知之难也。是以众人之察,不能尽备。故各自立度,以相观采。或相其形容,或候其动作,或揆其终始[4],或揆其儗象[5],或推其细微,或恐其过误[6],或循其所言[7],或稽其行事。八者游杂[8],故其得者少,所失者多。

是故必有草创信形之误[9],又有居止变化之谬[10]。故其接遇观人也,随行信名,失其中情[11]。故浅美扬露,则以为有异。深明沉漠,则以为空虚。分别妙理,则以为离娄[12]。口传甲乙[13],则以为义理。好说是非,则以为臧否[14]。讲目成名[15],则以为人物。平道政事[16],则以为国体[17]。犹听有声之类[18],名随其音。

夫名非实,用之不效,故曰名犹口进,而实从事退。中情之人,名不副实,用之有效。故名由众退,而实从事章[19],此草创之常失也。

故必待居止,然后识之。故居视其所安,达视其所举,富视其所与,穷视其所为,贫视其所取,然后乃能知贤否。此又已试,非始相也。所以知质,未足以知其略[20]。

且天下之人，不可得皆与游处。或志趣变易，随物而化。或未至而悬欲，或已至而易顾，或穷约而力行[21]，或得志而从欲。此又居止之所失也。由是论之，能两得其要，是难知之难。

〔注释〕

①效：成果，成效，这里指选拔人才的结果。

②"有知之"句：刘昞注："己虽知之，无由得荐。"意思是虽然得到了人才，但是无法向上举荐。

③人物：指辨别评述人物的流品。

④揆：度量，揣度。

⑤儗象：儗，同"拟"。拟想的形象。

⑥或恐其过误：此句刘昞注："以简恕取人。"

⑦或循其所言：此句刘昞注："以辞旨取人。"

⑧游杂：杂乱，不统一。

⑨草创：草率，这里指与人刚认识。此句刘昞注："或色貌取人而行违。"意思是外表与内心相违。

⑩居止：起居行动。刘昞注："或身在江海，心存魏阙。"意思是虽然身处江湖之中，但是心在朝堂之上。

⑪中情：内心的实际情况。

⑫离娄：古代传说中视力极好的人。此句刘昞注："研精至理，状似离娄。"

⑬甲乙：评定优劣。

⑭臧否：评论得失。

⑮讲目:议论品评。

⑯平道:胡乱评说。

⑰国体:国家的栋梁之材。大臣辅佐国君,犹人之有股肱,故称之为国体。《穀梁传·昭公十五年》:"大夫,国体也。"范宁注:"君之卿佐,是谓股肱,故曰国体。"

⑱有声:有声誉,著称。

⑲章:古同"彰",彰明。

⑳未足以知其略:此句刘昞注:"略在变通,不可常准。"略,指变化。

㉑穷约:穷困,贫贱。力行:竭力而行。此句刘昞注:"王莽初则布衣折节,卒则穷奢极侈。"

〔译文〕

识别人才并取得效果有两个难点:一是认识人才本身的难处;二是认识了人才但没有取得成效的途径的难处。

什么是难知之难?人的智慧是精妙深微的,只有进入他的精神世界才能了解,这本身就是很难实现的,所以认识人才本身就很困难。因此一般人考察人才的方法不可能很全面,所以各自有考察人的方法,并用这些方法考察选拔和使用人才。有的考察他的外貌,有的考察他的行为举止,有的揣测他做事是否善始善终,有的猜测他的人品想法,有的考察他的细枝末节处,有的担忧他的过错,有的看他是否履行诺言,有的看他办事的能力。这八种方法杂乱无章,所以在考察任用人才上收获很少,所失却很多。

所以必然会有草率地相信他的外表的失误，也会有所用人才的内心想法与地位及举止不相一致的失误。因为他在与人交往时，只看外在表现便轻易地信任他，盲目听信，并不了解其内心的真实情况。所以一个人显露他浅薄的才华时，就会被认为是异于常人。有的人深藏不露、沉默寡言，却被认为是空洞无物。有的人辨别精微的道理，就被认为是离娄式的人物。有的人向别人口述品评人物的标准，就被认为精通义理。有的人喜欢评论是非，就被认为明辨善恶之理。有的人喜欢议论品评人物，就被认为是善于鉴赏人物。有的人胡乱评议国家大事，就被认为是国家栋梁。就好像听到各种声音，就根据声音为之命名一样。

名声和实际并不符合时，就不会有人们预期的效果。所以说，名声是由众人传出来的，而实际上会随着能力与名声不相符合而慢慢褪去。真正有才干的人，名声与实际也不相符，但任用他们做成事情却可以达到预想的成效。所以说，名声由于没有得到众人广泛传播而逐渐淡去，实际却因为高效的办事能力而逐渐彰显出来。这些都是考察人才草率常犯的错误。

所以一定要考察他的行为举止，才能识别人才的才能。他在没进入仕途的时候，考察他安于什么；他显达的时候，看他提拔了什么样的人；他富裕的时候，看他都与什么人交往；他困窘的时候，看他的所作所为；他贫困的时候，看他索取什么。然后才能知道他是否贤能。这是通过一次次的考察看出来的，不是仅凭刚接触时对形体相貌的观察。所以了解了一个人的特质，还不足以了解一个人的智谋。

况且天下的人，不可能全部都能接触往来。有的人志向和兴趣会随着外界的变化而变化。有的人志向还没有完成，就因为欲望的诱惑而改变，有的人得志后却又改变了初心，有的人穷困潦倒却依旧努力行动，有的人实现了自己的愿望后却放纵自己的私欲任性而为。这又是考察人才未顾及情况的变化而发生的失误。由此看来，考察人才既要了解一个人的特质，又要顾及情况的变化，这是难以知人的困难。

何谓“无由得效之难”？上材已莫知，或所识者在幼贱之中[①]，未达而丧。或所识者，未拔而先没。或曲高和寡[②]，唱不见赞。或身卑力微，言不见亮。或器非时好，不见信贵。或不在其位，无由得拔。或在其位，以有所屈迫。

是以良材识真，万不一遇也。须识真在位识，诚百不一有也。以位势值可荐致之，宜十不一合也。或明足识真，有所妨夺，不欲贡荐。或好贡荐，而不能识真。是故知与不知，相与分乱于总猥之中[③]。实知者患于不得达效，不知者亦自以为未识。所谓“无由得效之难”也。故曰：“知人之效有二难。”

〔注释〕

①幼贱:年幼及地位低微的人。

②曲高和寡:曲调高雅,能跟着唱的人就少,比喻知音难得。后比喻言论或作品不通俗,能理解的人很少。战国楚宋玉《对楚王问》:“客有歌于郢中者,其始曰《下里》《巴人》,国中属而和者数千人。其为《阳阿》《薤露》,国中属而和者数百人。其为《阳春》《白雪》,国中属而和者不过数十人。引商刻羽,杂以流征,国中属而和者不过数人而已。是其曲弥高,其和弥寡。”

③总猥:聚合。

〔译文〕

什么叫“无由得效之难”?上等才能的人已经无法知晓了,有些被发现的有才之士在幼年还没有显达的时候,就已经去世了。有些已经被识别、被发现的有才之士,还没有被提拔就已经去世了。有的才华很高,但是能理解他的人少,才华展现却不被人称赞。有的人微言轻,不被信任。有的所具备的才能不被当权者所喜爱,所以不被重用。有的举荐者不在其位,所以没有提拔人才的权力,有的举荐者虽在其位,但受到压抑、迫害。

所以说有真才实学的人能遇到知音,一万个人里很难有一个。能识别人才又有职位的人,一百个人里很难有一个。能识别人才,又有职有权,且正在寻找人才,十个人里面很难有一个。有的人英明才智足以识别人才,但因遇到种种阻碍而被迫改变,不想推荐人才。有的人喜欢举荐人才,但又不能识别真正的人才。因此能够识别和不能够识别人才,总是相互混杂在一起。能识别人才的人,担心他所推荐的人才不能达到效果;不能识别人才的人,也自以为没有遇到可用之才,这就是所谓的“无由得效之难”。所以说“知人之效有二难”。

释争第十二

〔**题解**〕

本篇根据世人对待荣誉的看法和做法——或“争”或“让”，将人分为上、中、下三等，并用实例说明。首先举例说明自夸自大的危害，从而引出君子是内勤外谦，而小人是自矜自伐、与人相争。接着论述天性好胜之人喜与人相争，相争即自毁。后来又说，两人相比，谦让者更为优秀；两杰相争，好胜者更为低劣。从而得出谦让与好争，是判断人是否贤能的关键。而君子之所以为君子，是因为他知道事物会相互转化的道理，屈即为伸，让即为胜，忍小嫌即为无大讼。接着依据“让”与“争”这两大准则，可以将人分为三等九类人，分别是“大无功而自矜，一等；有功而伐之，二等；功大而不伐，三等。愚而好胜，一等；贤而尚人，二等；贤而能让，三等。缓己急人，一等；急己急人，二等；急己宽人，三等”，只有具备了以上三种上等（即三等）才能之人，才能达到与圣人接近的境界。

盖善以不伐为大①，贤以自矜为损②。是故舜让于德，而显义登闻③。汤降不迟，而圣敬日跻④。郤至上人⑤，而抑下滋甚。王叔好争⑥，而终于出奔⑦。然则卑让降下者⑧，茂进之遂路也⑨。矜奋侵陵者⑩，毁塞之险途也。

〔注释〕

①伐：见《八观》篇。

②自矜：自负，自夸。舜让贤于德：引《尚书·舜典》中"舜让与德，弗嗣"一句。

③登闻：名声远扬。登，上升。闻，名声。

④"汤降"句：《诗经·商颂·长发》："汤降不迟，圣敬日跻。"跻，上升。

⑤郤至：也作"郄至"。又称温季，春秋时晋国人。《国语·周语中》记载，晋厉公六年，晋楚鄢陵之战，晋景公听从他的建议大胜楚军。后为厉公的宠臣胥童、夷阳五等人袭杀。

⑥王叔：即王叔陈生，春秋时周王室卿士。《左传》记载，公元前563年（周灵王九年），王叔陈生与伯舆争夺执政权，因为周灵王支持伯舆，王叔陈生便怒而出走，后来去了晋国。

⑦出奔：出走，逃亡。

⑧卑让：谦逊退让。降下：屈服，这里为谦卑意。

⑨遂路：通达的道路。

⑩矜奋：以勇气自恃，骄傲自大。

〔译文〕

做好事以不自我夸耀为高尚，贤人会因骄傲自满招致损害。

因此舜把自己的位置禅让给有才德的禹,他的贤名远扬于世。商汤应受天命按期而降,他的圣明日益为人尊崇。郤至有权有势,但喜欢压制比他地位低的人。王叔喜欢与他人争斗,最终逃往他国。所以说谦卑礼让他人,发展道路将会顺遂。骄傲自大、侵犯他人之人,他的发展道路将会不顺。

是以君子举不敢越仪准①,志不敢凌轨等②,内勤己以自济,外谦让以敬惧。是以怨难不在于身,而荣福通于长久也。

彼小人则不然,矜功伐能,好以陵人,是以在前者人害之,有功者人毁之,毁败者人幸之。是故并辔争先而不能相夺,两顿俱折而为后者所趋。由是论之,争让之途,其别明矣。

〔注释〕

①仪准:法度,标准。
②轨:法则,制度。

〔译文〕

所以君子的行为举止是不会超越法度标准的,志向不敢超过正常的法则,对内勤于律己、自我完善,对外谦虚待人、谨慎小心。这样各种怨恨责难就不会招惹到身上,荣华和幸福就可以保持长久。

那些小人则不是这样的，他们因功而骄傲、以能而自夸，喜欢以此欺凌别人，因此当他们在人前显贵时，就会有人陷害他；有功劳的时候，就会有人诋毁他；被人诬陷时，就会有人幸灾乐祸。所以当与人并驾齐驱时，彼此分不出胜负；当彼此都受到挫折而会有所损害时，后面的人就会趁机赶超上来。由此看来，争抢或是谦让，其中的区别已经很明显了。

然好胜之人，犹谓不然，以在前为速锐[①]，以处后为留滞，以下众为卑屈，以蹑等为异杰[②]，以让敌为回辱，以陵上为高厉[③]。是故抗奋遂往，不能自反也。

夫以抗遇贤，必见逊下。以抗遇暴，必构敌难。敌难既构，则是非之理，必溷而难明[④]。溷而难明，则其与自毁何以异哉？

且人之毁己，皆发怨憾而变生衅也[⑤]。必依托于事，饰成端末。其于听者，虽不尽信，犹半以为然也，己之校报[⑥]，亦又如之。终其所归，亦各有半信著于远近也。然则交气疾争者[⑦]，为易口而自毁也。并辞竞说者，为贷手以自殴。为惑缪岂不甚哉[⑧]？

然原其所由，岂有躬自厚责，以致变讼者乎？皆由内恕不足，外望不已[⑨]。或怨彼轻我，或疾彼胜己。夫我薄而彼轻之，则由我曲而彼直也。我贤而彼不知，则见轻非我咎也。若彼贤而处我前，则我德之未至也。若德钧而彼先我，则我德之近次也，夫何怨哉？

且两贤未别，则能让者为隽矣。争隽未别，则用力者为惫矣[10]。是故蔺相如以回车决胜于廉颇[11]，寇恂以不斗取贤于贾复[12]。物势之反，乃君子所谓道也。

〔注释〕

①速锐：士卒精锐而行动快速。

②蹑等：超越等级。

③高厉：崇高，高超。

④溷(hùn)：混浊，混乱。

⑤衅：嫌隙。

⑥校报：回报，报复。

⑦交气：以气相争。疾争：极力争辩。

⑧惑缪：混乱。

⑨望：埋怨，责备。

⑩惫：劣等，下等。

⑪"是故蔺相如"句：《史记·廉颇蔺相如列传》记载，赵惠文王时，秦昭王强索和氏璧，答应以十五城为交换。蔺相如奉命带璧入秦，当庭据理力争，终于完璧归赵，因此升官至上大夫。赵惠文王二十年，随赵王与秦王在渑池相会，使赵王未受屈辱，又升官至上卿，位居廉颇之上。廉颇想要羞辱他，蔺相如容忍谦让，廉颇愧悟，便登门负荆请罪，二人成为刎颈之交。

⑫"寇恂"句：《后汉书·寇恂传》记载，寇恂，东汉上谷昌平人，字子翼。他任颍川太守时，为严明军纪，曾将贾复的一个部将处死。贾复怀恨在心，处处刁难，寇恂却处处忍让，不与贾复争斗。后来贾复回心转意，不

再耿耿于怀，两人同心协力，共扶汉室。贾复：字君文，东汉南阳冠军（今河南邓州）人。新朝末年聚众加入绿林军，归顺刘秀后，战功赫赫。建武十三年（37），封胶东侯。

〔译文〕

然而争强好胜的人，并不是这样认为的。他们认为位置在前面的人行动迅速敏捷，位置在后面的人停滞不前。把谦虚礼让当作卑躬屈膝，把超过他人、逾越等级之人当作是杰出的人才。把忍让敌人、谦让对手当作规避屈辱的手段，把凌驾于众人之上认为是崇高。因此，他们不顾一切地重复以往的错误，不能回头自省。

以对抗的心态对待贤才，贤才必定对其谦逊。以对抗的心态对待残暴的人，一定会造成敌我双方的相互非难。这种局面一旦形成，则是非的道理就会混乱不堪地混杂在一起，难以分明。是非道理混杂难分，这样和自我诋毁有什么区别呢？

他人之所以毁谤自己，都源于怨恨渐积，进而导致嫌隙。诋毁者必定会假托于某一件事，把毁谤的实质掩饰起来。对于旁听者来说，虽然不会全部相信，但是也会半信半疑。对诋毁者的报复，也像诋毁者的手段那样。最终人们对自己毁谤的改正与对他人的报复都是半信半疑。这就是说与人逞一时口舌之快而争辩，就会相互驳难，自我毁灭。与人据理力争、逞口舌之快，就是借别人的手来毁灭自己，这种荒谬的事不是太过分了吗？

然而追究其中的原因，难道是自己经常反省、深刻自责而导致的这种争讼吗？都是由于内心宽容不足，不能自我反思，对他人则是期望太高，不停地责备别人所造成的。或者是怨恨别人轻视自己，或者是嫉妒别人超过自己。如果自己才智浅薄而他人轻视自己，那就是自己理亏而对方有理。如果自己是贤才而别人不知道，那么被别人轻视就不是自己的过错了。如果对方贤能并且地位在自己之上，则是因为自己的道德修养还没有达到。如果双方的道德修养相等而对方比自己地位略高，那就是因为自己的德行与他人虽然接近，但仍有差距，这又有什么可抱怨的呢？

而且两人之间的贤能难以区分高下，那么谦让者就是杰出的人才。双方为争当杰出者而难分上下，那么据理力争的人更为花费力气。因此蔺相如因为回车躲避而胜过廉颇，寇恂因避免争斗而胜于贾复。事物发展到一定程度就会朝相反的方向发展，这就是君子所说的道。

是故君子知屈之可以为伸，故含辱而不辞。知卑让之可以胜敌，故下之而不疑。及其终极，乃转祸为福，屈仇而为友，使怨仇不延于后嗣，而美名宣于无穷。君子之道，岂不裕乎！

且君子能受纤微之小嫌，故无变斗之大讼。小人不能忍小忿之故，终有赫赫之败辱。怨在微而下之，犹可以为谦德也。变在萌而争之，则祸成而不救矣。是故陈馀以张耳之变[①]，卒受离身之害。彭宠以朱浮之隙郤[②]，终有覆亡之祸。祸福之机，可不慎哉！

〔注释〕

①“是故陈馀”句:《史记·张耳陈馀列传》记载,战国末陈馀与张耳同为魏国著名游士。陈胜吴广起义后,陈馀与张耳亦随之起兵。后因张耳受封为常山王,陈馀愤愤不平,于是赶走张耳,自立为代王。在破赵战争中兵败,为韩信所杀。张耳被赶走后投奔刘邦,被立为赵王。

②“彭宠”句:彭宠,字伯通,南阳宛(今河南南阳)人。曾佐助刘秀击败王郎,封建忠侯。后因所得职位不满所望,又与幽州牧朱浮不和,遂起兵反叛,不久被人斩杀。朱浮,字叔元,沛国萧(今属江苏)人。彭宠举兵反,朱浮上书斥责其行为。后官至大司空。明帝时有人告发其罪,被赐死。《后汉书》有《彭宠传》。

〔译文〕

因此君子知道能屈能伸,所以往往不辞忍受耻辱以成大事。知道谦逊退让可以胜过敌人,所以让自己处于下等的地位而毫不迟疑。然而等到最终的结果,事情都会由祸转为福,使仇人成为朋友,让怨恨仇视不要延续到后代,而谦让的美好名声却垂留青史。君子所说的道理,真的是太丰富了!

而且君子能够忍受细微的嫌隙,所以不会变成大的争讼。小人不能忍受小小的愤怒,最终一定会遭受极大的耻辱。在双方怨恨比较小的时候忍让他,还可以获得谦虚谦卑的美德。双方的怨恨尚在萌芽时就进行争斗,最终会导致无法挽救的祸患。所以陈馀因为张耳的变故而遭受杀身之祸,彭宠因为和朱浮有矛盾,最终遭受灭顶之灾。认识福祸转化发生的关键,务必要谨慎啊！

是故君子之求胜也，以推让为利锐，以自修为棚橹[①]。静则闭嘿泯之玄门[②]，动则由恭顺之通路。是以战胜而争不形，敌服而怨不搆。若然者悔吝不存于声色，夫何显争之有哉？

彼显争者，必自以为贤人，而人以为险诐者[③]。实无险德[④]，则无可毁之义。若信有险德，又何可与讼乎？险而与之讼，是柙兕而撄虎[⑤]，其可乎？怒而害人，亦必矣！《易》曰："险而违者，讼。讼必有众起。"《老子》曰："夫惟不争，故天下莫能与之争。"是故君子以争途之不可由也。

〔注释〕

①棚橹：防御器械，古代城墙上御敌的城楼与大盾。

②嘿（mò）泯：寂然不语。

③险诐（bì）：阴险邪僻。

④险德：悖弃道德。

⑤柙：关闭猛兽的笼槛。兕：古书上所说的雌犀牛。撄（yīng）：迫近，接触，触犯，惹怒。

〔译文〕

所以君子求胜的方法，是把谦让当作锐利的武器，把自我修养当作防御敌人的武器。安静时可以沉默不语，行动时则遵从恭谨顺遂的通衢大道。所以不露声色取得胜利，敌人心服口服而不会留下怨恨。像这样对手连悔恨之色都没有外露出来，哪里还会发生公开的争竞呢？

那些公开与人争竞的人，一定自以为是贤人，而他人则认为是阴险狡诈的人。如果确实没有阴险邪僻的品德，理应不会有人去毁谤他。如果确实有阴险邪僻的品德，又何必与之争论呢？明明是阴险邪僻之人却与他争辩，就像把犀牛关进笼子里和接近被逼上绝路的老虎一样，这怎么可以呢？如果这样，他们一定会愤怒而害人。《周易》说："险而违者，讼。讼必有众起。"《老子》说："正是因为不与人争，所以天下没有人能和他争。"因此，君子认为竞争之路是行不通的。

是以越俗乘高[①]，独行于三等之上[②]。何谓三等？大无功而自矜，一等；有功而伐之，二等；功大而不伐，三等。愚而好胜，一等；贤而尚人[③]，二等；贤而能让，三等。缓己急人，一等；急己急人，二等；急己宽人，三等。

凡此数者，皆道之奇，物之变也。三变而后得之，故人莫能及也。夫唯知道通变者，然后能处之。是故孟之反以不伐，获圣人之誉[④]。管叔以辞赏，受嘉重之赐[⑤]。夫岂诡遇以求之哉[⑥]？乃纯德自然之所合也。

彼君子知自损之为益，故功一而美二。小人不知自益之为损，故一伐而并失。由此论之，则不伐者伐之也，不争者争之也。让敌者，胜之也。下众者，上之也。君子诚能睹争途之名险⑦，独乘高于玄路，则光晖焕而日新，德声伦于古人矣⑧。

〔**注释**〕

①越俗：超越世俗，不同凡俗。

②独行：节操高尚，不随俗浮沉。

③尚：夸耀，争高。《礼记·表记》："是故君子不自大其事，不自尚其功。"

④"是故孟之反以不伐"句：《左传·哀公十年》记载，孟之反，春秋鲁国人。在抵御齐国的战争中走在最后掩护军队，却对外说是自己走得慢的原因。这就是不矜其功，即上等。

⑤"管叔以辞赏"句：《左传·僖公十二年》记载齐国大夫管仲谢绝国王给他的上卿之礼。此处管叔疑为三国时的管宁。见《三国志·魏书·管宁传》。

⑥诡遇：比喻用不正当的手段去追求、取得某种东西。

⑦争途：抢占道路，也比喻争夺地位。

⑧伦：类，同。

〔**译文**〕

所以要超脱凡俗，登至高处，不随世俗沉浮处于三等之上。什么是三等？下等是立有大功却自高自大；中等是有了功劳但是自我夸耀；上等是立有大功却不骄不躁。下等是愚蠢又争强好胜；中等是有贤能又尊敬他人；上等是有贤能又谦让别人。下等是对自己宽容，对他人苛刻；中等是对自己和他人都苛刻；上等是对自己苛刻，对他人宽容。

上面所提到的几等，都是事物发展规律的奇特之处，万物变化多端的结果。从这三种变化可以看出，几乎没有人能在三等人中达到上等，经历这三种变化而成为最上等的人才，就没有人能够比得上了。只有知道事物变化规律的人，才能达到最高等的境界。所以孟之反因为不骄不躁的品行而被孔圣人所称赞，管仲因为礼让奖赏而受到更重的嘉赏。这怎么说是通过不正当途径来获取的功劳呢？这是纯粹的德行与自然天性相结合的结果。

君子明白自我贬损是有益的，所以能做一件事而收到两种好的结果。小人不知道自满最终会变成坏事，所以稍微的沾沾自喜就会使名声尽毁。由此看来，不自夸，最终会为人所夸奖。不与人争名利，最终会拥有一切。谦让对手，最终会战胜对手。处于众人之下，最终却会处于众人之上。君子如果真的能看到争竞之路的凶险，独自登高在玄远高妙之路行进，就会光彩照人、日新月异，名声和德行等同于古代的圣贤了。